NARRATORI D

ISBN 978-88-6088-439-8

Gruppo editoriale Mauri Spagnol
www.guanda.it

ANTONELLA CILENTO

ASINO CHI LEGGE

I giovani, i libri, la scrittura

UGO GUANDA EDITORE
IN PARMA

Uno scrittore non è mai disattento,
tutto gli compete e tutto gli interessa.

FERRUCCIO PARAZZOLI, *Inventare il mondo*

1

Sotoacèto

È il mese di marzo. C'è sole e non so bene che strada fare per arrivare alla scuola dove ho, nel primo pomeriggio, lezione di scrittura creativa. È una scuola media, la preside è una professoressa sveglia e piena di iniziative. Il quartiere è uno di quei quartieri di Napoli che, se non ci si abita o si ha una ragione specifica per andarci, è solo un nome, un'immagine degradata che si guarda prendendo la tangenziale o l'autostrada, dai ponti. In verità, ci passo assai spesso andando ad Avellino in autobus (sempre per via del mio lavoro di scrittrice in trasferta, in qualità di Esperto Esterno di scrittura creativa): l'autobus fa un lungo giro per imboccare l'ingresso dell'autostrada più lontano da via Marina, l'arteria che collega Napoli ai paesi vesuviani, e di conseguenza costeggia il rione Luzzatti.

Il rione Luzzatti porta il nome del primo ministro che emanò in Italia una legge sull'edilizia popolare nel 1903, che prevedeva la costruzione di nuclei abitativi vicino alle zone industriali. La zona industriale di Napoli, tuttavia, non contiene più alcuna vera industria, solo fantasmi di capannoni, e non c'è più traccia di case del primo Novecento: il rione Luzzatti, edificato alle spalle della Stazione Centrale e, a seguito della costruzione del Centro Direzionale, ancora più arretrato rispetto alla città, ha l'aspetto di un quartiere povero degli anni Settanta. Dai caseggiati di cemento alti sette o otto piani si vedono le torri giapponesi del Centro Direzionale; fra la sterpaglia e le gomme abbandonate che circondano le palazzine si può godere di una spettacolare vista della collina del Vomero, della Certosa di San Martino e di Castel Sant'Elmo.

In altre parole, non siamo ancora nell'hinterland, ma non siamo più a Napoli, benché prossimi a quei cartelli da Far West che con una striscia obliqua cancellano il confine di giurisdizione della città.

Scendo alla fermata della metropolitana di Gianturco, che è tutta nuova, ben restaurata, ricca di spazi per negozi che nessuno vuole affittare e che forse, di questo passo, non si affitteranno mai. I negozianti hanno paura ad aprire rivendite in quella fermata, nonostante le telecamere, nonostante la sorveglianza giorno e notte.

Intorno crescono ponti, concessionarie d'auto di lusso, grossisti di ceramica e linee bagno, qualche bar, qualche tabaccaio con ricevitoria del lotto, i supermercati cinesi. Ogni cosa è molto distante dalle altre.

Il tunnel che separa la fermata della metropolitana dalla strada che mi porterà dentro il rione Luzzatti è largo e basso e si attraversa sia in auto sia a piedi.

Anche stamane, che c'è sole e alle due del pomeriggio si direbbe che la situazione sia tranquilla, traversare il lungo tunnel mette un po' d'agitazione. Un cane mi corre incontro. Un tizio allampanato e curvo con la tuta da idraulico scompare nell'ombra. Se subisci un'aggressione qui nessuno ti vedrà e, se anche ti vedessero, nessuno ti verrà, in ogni caso, in aiuto.

È come il tunnel di *Sogni* di Kurosawa, da cui escono fantasmi di battaglioni che credono di essere ancora vivi e rincorrono il loro tenente. Nel film c'è anche un cane, uguale a quello che mi corre incontro, un cane che ringhia con le bombe attaccate alla schiena. Mi passa accanto, poi procedo.

Nel rione Luzzatti ci sono grandi vasche pensate come aiuole fiorite in cui crescono erbe male alte almeno un metro. Nel dedalo di caseggiati e erbe male si passa come attraverso una jungla salgariana, anche se il Sandokan che qui potrebbe apparire non è certo Kabir Bedi. Non si vede un'anima. Chi sta nelle case, dietro le finestre o al riparo delle tende a strisce arancio e blu dei balconi di cemento spellato, si guarda bene dal farsi vedere. C'è e mi osserva, lo so, e posso anche immaginare facce e vestiti: donne sformate, giovani con la faccia da lupo, bambinetti attaccati alla PlayStation.

Echeggiano, nel silenzio irreale, improvvisi allucchi sedati con paccheri a mano piena, la voce del tg regionale, Gigi D'Alessio che canta a squarciagola da una finestra. Devo chiedere a qualcuno dov'è la scuola ma non c'è nessuno. Le traverse si somigliano, un paio di strade hanno anche lo stesso nome.

E poi, di colpo, il caseggiato, in tutto identico agli altri, si lascia distinguere: ha le sbarre alle finestre, è malridotto e circondato da una cancellata carceraria, che dovrebbe contenere alberi e invece racchiude un'indistinta massa verde e gialla. Ecco la mia scuola media.

La preside mi ha avvisato: qui non sarà facile. Le ho risposto: in nessuna scuola italiana è mai facile.

Sono diciassette anni che entro nelle scuole come Esperto Esterno e, se conto anche gli anni in cui lo facevo non per insegnare scrittura creativa ma per fare laboratori di teatro, in effetti, sono più di venti anni che mi inserisco fra insegnanti e studenti. Sono un cuscinetto, sono la realtà che entra nella scuola, sono l'Autore che improvvisamente si manifesta come Vivo e non come morta biografia di un'antologia. E faccio tante diverse cose insegnando scrittura: mostro tecniche che la scuola non insegna, risolvo problemi di relazione, riporto i ragazzi alla lettura, suggerisco letture a insegnanti che non leggono o non sanno bene come orizzontarsi fra i libri; a volte, riporto anche ragazzi che hanno abbandonato l'obbligo a scuola. Dalla letteratura alla mediazione, dal laboratorio al problem solving. Una sola cosa di sicuro non faccio: entrare in classe, fare lezione e andarmene.

Quasi sempre il laboratorio produce effetti: sui ragazzi o sui bambini, sugli insegnanti, su di me che partecipo e insieme li guardo.

Nell'aula la prof che mi aspetta, la tutor, è molto giovane, bionda, gentile. I ragazzini sono pochi, non più di quindici. Nel corso delle trenta ore diminuiranno e bisognerà redarguire le famiglie per farli venire, bisognerà farli firmare anche se non c'erano, non in ottemperanza agli obblighi di legge, ma per evitare che lo svuotamento dell'aula faccia saltare il PON, ovvero il progetto europeo che finanzia nel Sud Italia, fino al 2013, i laboratori come il mio.

Ci salutiamo, creiamo un'atmosfera informale, le faccette fetentelle sono simpatiche, sono vispe. Ma si vede subito che non sarà facile tenerle ferme in un banco. Che avete letto, che vi piace leggere? Prufissuré, ma qua' leggere, che palle.

Andate al cinema?

Eh...!

Ma vi piacciono i film?

Sì, i film gli piacciono ma li vedono a casa, sul pc o in televisione. Non sono mai entrati in una sala cinematografica.

Iniziamo a fare gli esercizi di libera scrittura secondo

il metodo che ho sviluppato in questi anni: scrivono per cinque minuti senza mai cancellare né rileggere. Per una volta non si vedranno correggere la grammatica, né la sintassi, né la punteggiatura. Sono contenti ma anche strafottenti: prufissuré e quanno maje ce penzammo a 'sti cose?, sghignazza Salvatore, uno magro magro, con la faccia lunga lunga e gli occhi ancora da bambino.

Ci divertiamo, la cosa funziona. Ogni tanto propongo una lettura, la prof mi segue e, nell'altro modulo, quando sarà lei a ripetere gli esercizi inventandosene di analoghi a quelli che propongo, riesce a replicare piuttosto bene il risultato che ottengo io nell'aula.

Me ne vado dal rione Luzzatti ogni volta verso le cinque e mezzo. Sta facendo buio, il tunnel è sempre meno piacevole da attraversare. Nelle settimane seguenti qualche volta Gianturco è chiusa: si so' stesi i disoccupati, mi spiega un controllore. Si so' stesi e chiossà quanne s'aizeno.

La metropolitana è bloccata dalla protesta. Un paio di volte chiamo un taxi perché non ci sono autobus, o meglio, una linea che porta alla Stazione Centrale c'è, ma, come dicono le prof, «non si sa quando passa il mezzo».

Le prof uscendo si scortano a vicenda. Qualcuna offre un passaggio alle altre. Una lo offre anche a me. È una prof di Posillipo con la macchina piena di piante che deve reinnestare sul suo balcone.

Hai visto chi tieni in classe?, mi fa. Non so a quale dei ragazzini si riferisca. Quella, Teresa. Ah, Teresa, faccio io. Perché? Che tiene Teresa di speciale? Non lo sai? È la figlia del capoclan. E mi fa il nome di uno dei clan camorristi più alla moda. Ah, rispondo, e allora? Quella, continua la prof, vive con la nonna: il padre e la madre stanno in carcere. Gente che per il matrimonio fra i due clan – e mi fa il nome dell'altro clan trendy, quello della madre – ha fatto svellere il cancello di una delle chiese più antiche di Napoli.

Siamo bloccate su via Marina, grande traffico di pendolari.

E com'è Teresa?, chiedo. A me sembra tranquilla.

Sì, ed è pure intelligente. Si vede che è la figlia di uno importante. Guardo la prof di Posillipo che un po' ammicca e un po' sorride. Ci crede davvero che il padre di Teresa si possa ritenere uno «importante»?

E poi c'è quell'altro, mi fa, Enzino.

Sì, Enzino ce l'ho presente, è uno dei più piccoli, hanno tutti fra gli undici e i tredici. Enzino ha problemi molto seri di alfabetizzazione, più degli altri. Ovviamente questa è una scuola media dove si sta insegnando ancora l'italiano della scuola primaria, come si dice oggi, insomma l'italiano delle scuole elementari.

E Enzino che tiene di speciale?, chiedo. È il figlio di uno dei sottoposti del clan di Teresa. Ah.

Tu guardali bene, mi fa la prof, e vedrai che si relazionano fra loro come si relazionano le loro famiglie: lei è intelligente e comanda e lui è fesso e obbedisce. Ho capito. Comunque, aggiunge la prof mentre siamo in vista di Santa Lucia, a scuola di camorra non si può parlare. Il capo vero del clan, la nonna di Teresa, ha stabilito le regole e noi ci adattiamo, per buona educazione. Una convivenza pacifica, hai capito?

Ho capito, non si nomina la camorra.

Ma tanto voi vi occupate di scrittura, fate cose creative, dice la prof.

Sì, sì, confermo. Ringrazio del passaggio e scendo dall'auto.

*

Qualche settimana dopo siamo arrivati a spiegare cos'è un punto di vista narrativo: i ragazzini ora, chi in un modo chi nell'altro, sono catturati. Scrivono in abbondanza, inventano storie. Qualcuno mi dice anche che ha un romanzo nel cassetto. Undici pagine, insiste. Caspita, poi mi fai leggere?, sorrido e vado avanti. Assegno un esercizio ambientato nel circo, dove ognuno pesca un diverso punto di vista.

Ci sono personaggi, oggetti, animali. Chi è il trapezista, chi il nano, chi la donna cannone (profissuré, ma che d'è 'sta donna cannone?), chi il contorsionista o la tigre o la rete.

Solo durante la rilettura realizzo che Teresa ha pescato il punto di vista del coltello. Ascolto molto attentamente. Teresa legge spedita: questa volta non ci sono grandi incertezze nel suo italiano, le frasi sembrano uscite da una mente adulta. È la storia di un coltello che da giovane faceva parte della posateria di un ristorante. Poi il ristorante era stato chiuso e il coltello era stato acquistato da un lanciatore di coltelli di un circo. Il coltello vede quel che accade ma non precisamente – in fondo è solo un coltello – e così un giorno si rende conto di essere stato sottratto per perpetrare un omicidio. Macchiato di sangue, con ancora l'impronta dell'assassino sul manico, è l'unico testimone in grado di incastrare il colpevole. È con un'accurata serie di coincidenze che il coltello riesce a far sapere alla polizia la verità e a smascherare il colpevole.

Dopo la lettura la classe applaude. Teresa è stata bravissima. E questo, che ho appena sentito, è il punto di vista di coltello più legalista che io abbia ascoltato in diciassette anni di laboratori nelle scuole.

Le prof si danno di gomito: per loro è strano che Teresa abbia scritto così bene. Hai visto?, mi chiedono a bassa voce. Ma allora funziona, aggiungono ammirate.

Teresa ci guarda impettita. Penso a lei, alla figlia del capoclan, che ha un così alto senso della giustizia anche se nessuno glielo riconosce, per tutto il tempo che impiego a tornare a casa, quasi due ore.

Il mercoledì seguente, Enzino, il figlio del sottoposto del clan, ha un dubbio grammaticale. Prufissuré, prufissuré, sotto con quante tì? Enzino, secondo te, quante ce ne vogliono? La classe bisbiglia. Una o due?, insisto. La classe ormai mormora sonoramente: dueee, Enzì, dueee...

E Enzino, sia pure dubitoso, accoglie il suggerimento. Due...?, mi chiede. E sì. Perché se ce ne fosse una come suonerebbe «sotto»? Il coro in sordina riprende: sòtooooo, Enzì, sòtoooo... Salvatore, il ragazzino lungo lungo con gli occhi da bambino che è accanto alla cattedra, al mio fianco, ha un'improvvisa, inaspettata ispirazione: Ah...! Sotoacèto...!

Tutti ridono e da quel momento Salvatore non si chiama più Salvatore ma Sotoacèto.

Alla fine di questo PON nel rione Luzzatti i ragazzini sono contenti. Le prof stanno organizzando per loro un libro con tutte le storie che abbiamo scritto insieme. Bisogna solo trovare il titolo. La prof di Posillipo mi ferma fuori della classe per raccontarmi altre storie, tutte difficili, tutte tristi.

Hai visto Ciro? Sì, l'ho visto. Ciro ha sempre i vestiti un po' sporchi, le mani con le unghie nere, i capelli in disordine, la cartella enorme. Ma non è di quelli che fa rumore, che devi redarguire o minacciare perché stia seduto dietro il banco. Sta sempre buono, interrogato risponde cose sensate, scrive testi inventivi.

Quello, Ciro, fa la prof, l'hanno trovato in uno dei palazzi qui intorno, nel sottoscala, stavano in tredici, tutti bambini, pieni di insetti, senza mangiare e senza bere. Chissà chi erano i genitori. Ora sta in un istituto.

Lascio la prof ed entro in classe appesantita, ma pronta a alleggerirmi per trovare il titolo, il benedetto titolo del libro del nostro laboratorio. I ragazzini sono eccitati.

Prufissuré, profissuré, guardate! Mi mostrano la lavagna. Hanno scritto in orizzontale PON e in verticale, in fila per ogni lettera, una cosa che non sanno nemmeno cos'è, un acrostico: O POTENT O NIENT. Questo è il titolo!, dico. E loro applaudono, saltano, fanno festa.

Le prof, giorni dopo, lo cambieranno in una forma più ovvia, più scolastica, più presentabile.

Ma così è, invece, l'anima dei ragazzini del rione Luzzatti, o potente o niente. Senza mezzi termini.

«Asino chi legge» si scriveva una volta sui muri delle scuole. «Asino chi legge», per mettere alla berlina un compagno ingenuo, gli adulti noiosi. E si indossavano in aula per punizione cappelli di carta con orecchie d'asino, come Pinocchio e Lucignolo nel Paese dei Balocchi. Oggi, il Paese dei Balocchi di Collodi è l'Italia tutta, dalle Alpi alla Sicilia e chi legge, specie chi legge tanto, è considerato un asino.

Un tempo, neanche tanto lontano, avere un figlio laureato era considerato un valore aggiunto, il trionfo per una famiglia in risalita sociale da impieghi non intellettuali.

Da qualche anno, invece, leggere è considerato un errore, una perdita di tempo, un insignificante vizio. Studiare e leggere, è ormai noto, non ti porteranno da nessuna parte, non ti apriranno le porte del mondo del lavoro, non faranno di te una persona migliore.

Però, scrivere vogliono scrivere tutti. Hanno un romanzo nel cassetto, specie i più insospettabili.

Un tale impiegato in un'azienda pubblica venne da me, una volta, chiedendomi le regole per scrivere un romanzo di successo. Cos'ha letto?, chiesi. *Io, robot* di Isaac Asimov. Bene, risposi, e poi? Solo quello, mi disse orgoglioso.

Insegno a scrivere perché così insegno anche a leggere, e a leggere con occhio critico, perché è un modo di scoprire l'inatteso piacere dell'uso delle doppie e, al tempo stesso, vedere il mondo intorno a noi in 3D, come direbbero in certe classi che conosco.

Insegno a scrivere in ogni tipo di scuola perché ne vale sempre la pena, perché la colpa non è mai dei ragazzi o dei bambini ma nostra, degli adulti che non leggono.

Nessuna passione – e leggere e scrivere sono passioni, brucianti – si trasmette senza un conduttore. La scuola e la famiglia dovrebbero essere il filo di rame che trasmette la scossa e in questo paese, per ragioni diverse e cause simili, hanno smesso di esserlo.

Le pagine che state per leggere sono un viaggio a tappe casuali fra i ragazzi e i loro prof, alla ricerca di quel che stiamo perdendo o, in certi casi, abbiamo già perso, ma che niente, salvo noi stessi, può impedirci di riconquistare.

2

Regole e sogni

Il mese seguente sono a Bolzano, nella scuola media del centro della città, in un palazzo storico che somiglia alla casa di Biancaneve. A due passi c'è il museo di Ötzi, la mummia congelata sui ghiacciai delle Dolomiti. Intorno, il curatissimo centro antico, le botteghe di prodotti tipici, le cioccolaterie, i bar con le torte di burro e crema alte tre piani. Il fiume scorre dolcemente sotto il ponte che separa il quartiere tedesco da quello nuovo, italiano. In realtà, Bolzano da anni non è più granché tedesca e gli italiani che la abitano sono in alta percentuale meridionali.

Ma la percentuale più alta, scopro a scuola, è composta di pakistani. Una recente, ma numerosa, comunità pakistana si avvia a formare la seconda generazione: la maggior parte gestisce ristoranti o è impiegata negli alberghi e manda, ovviamente, i figli nelle scuole altoatesine. Una convivenza non sempre pacifica: leggo in rete che la regione è stata preferita dai pakistani ad altre d'Italia perché già «abituata alla multietnicità» – il che fa un po' sorridere considerando gli attriti perenni fra la comunità di lingua tedesca e quella di lingua italiana – ed è probabile che i panorami innevati, i laghi e i prati delle Dolomiti ricordino scene casalinghe alle famiglie che lasciano le alture del Pakistan. Quando sorgono problemi relativi alla moschea, come ne sono sorti in tutto il

Nord Italia negli ultimi anni, sul «Corriere dell'Alto Adige» le associazioni pakistane scrivono: «Mettetevi una mano sul cuore la prossima volta che cenate in un ristorante tipico di Bolzano: con tutta probabilità i canederli allo speck o la salsa bolzanina degli asparagi che avete ordinato sono stati preparati da pakistani».

La mia classe di scrittura è fatta di bambini biondissimi e educatissimi, fin troppo timidi, e di bambini scuri e altrettanto timidi e educati. I «cattivi soggetti» sono, a seconda delle aule, bolzanini o pakistani, in egual misura. Ci sono anche russi, sudamericani e magrebini. Tutti scrivono, tutti leggono. Nella classe che gestisce la prof di maggiore esperienza vige un rispetto assoluto. La prof ha fatto leggere, quando arrivo, anche l'autobiografia di Susanna Agnelli. Mi interrogo silenziosamente sull'impressione che i bambini «vestiti alla marinara» possano aver fatto ai vari Said, Oran, Mohamed, alle Janine, Fatma e anche, in verità, a un paio di Salvatore che sono qui a Bolzano da pochi anni, perché i genitori sono venuti in Trentino a lavorare. Tuttavia, qui, tutto fila liscio. Solo che, quando voglio provare a far loro scrivere sullo stimolo del gusto – ho comperato per la classe i migliori cioccolatini di Bolzano, crepi l'avarizia – non ho calcolato che siamo in pieno Ramadan. Sono molto dispiaciuta. Le Janine, le Fatma, i Said, gli Oran e i Mohamed non toccano i cioccolatini neanche con un dito e guardano il vassoietto spolpato dai compagni. Non hanno mangiato niente dalla sera prima e mangeranno solo alle cinque del pomeriggio, al rientro a casa. Qualche ragazzina impallidisce. La prof mi dice che una il giorno prima s'è anche sentita male. Certo, le ragazzine a quest'età ormai hanno il ciclo e la combinazione con il digiuno e la scuola rischia di essere letale.

Però la classe reagisce simpaticamente e mentre gli altri parlano della cioccolata, chi non l'ha assaggiata mi racconta dei piatti che preferisce e, lo so già, è inutile aspettarsi cous cous o hummus: tutti elogiano la pizza e le lasagne.

Nell'altra classe, invece, il problema è costituito da un ragazzino alto e biondo, di famiglia benestante ma con dei genitori assenti. Stefano non sa stare seduto, non sa ascoltare, non sa stare fermo. È sfacciato, scostumato, ipercinetico: un caratteriale, come si dice a scuola. Nessuna minaccia lo tiene. È campione di nuoto. Nessuno lo sopporta.

Solo una prof, altissima e con un elegante viso da pubblicità salutista, ottiene risultati: gli si rivolge in tedesco. Sarà l'autorevolezza della lingua? Sarà la mole della prof? Ma non è che lei minacci o si arrabbi, anzi, è sempre sorridente. Non le scappa la pazienza con Stefano, che la fa scappare persino a me, che pure sono assai difficile a perderla. Le altre prof hanno rinunziato: chi è senza voce, chi dice che non c'è niente da fare, che la causa è persa, che a lavorare così non ce la si può fare. Stefano scrive poco, non legge niente – un dato significativo in classi dove invece la lettura, almeno quella imposta dalla scuola, ha una sua discreta incidenza – e insulta tutti.

Quando mi prende in vero odio, dopo poche lezioni, mi dice: e perché vieni qui e dobbiamo pagare? Perché mia madre deve pagare per te? Per fare queste cose? Lo dice con il tu, perché io l'ho consentito a tutti, ma con il chiaro intento di sminuirmi, insultarmi, intimidirmi.

La classe è infastidita e vinta da Stefano. Però dai testi, mediamente, vengono fuori per tutti rapporti difficili con i genitori, una continua pressione sociale e insofferenza verso regole troppo rigide e mal sopportate. Dunque, non è un problema solo di Stefano. Mi sorprendo ad avvertire qui un malessere ben maggiore che nelle scuole meridionali.

La fantasia scocca al ralenti, l'immaginazione non produce improvvisi salti. Niente Sotoacèti, qui.

Se ogni volta che entro in una scuola napoletana mi sorprendo a desiderare silenzio, ordine, organizzazione, qui mi accorgo che l'ordine, il silenzio e l'organizzazione non mancano, eppure non sono la formula della felicità: se scrivere è specchio della nostra mobilità di pensiero, della nostra maturità come cittadini responsabili, se significa avere immaginazione, compassione e capacità di immedesimazione nell'altro, la scuola italiana tutto questo lo sta dimenticando.

E lo dimentica con modalità diverse a seconda delle regioni e della Storia. Mentre dal Ministero si scagliano irresponsabili picconate contro la scuola pubblica, si tagliano risorse economiche e ore di lezione fino a ridurre il programma a un abito troppo corto e troppo stretto, mentre la Lega insiste perché nessun insegnante meridionale prenda servizio nelle ordinate regioni del Nord, questi ragazzi stanno pagando un prezzo. In termini di attenzione, di capacità di scelta, di apprendimento e sul piano emotivo. E con loro lo paga tutto il Paese.

Quali sono le risposte? Quali sono le strategie? Regna solo la confusione, governano i numeri e il tempo tiranno.

Però, guarda che belle cose scrivono!, mi dice, alla fine contenta, la prof Cristina. Nelle classi aspettano di fare scrittura creativa con il sorriso. Si commuovono.

E tuttavia l'ultimo giorno Stefano viene mandato fuori dell'aula. E i compagni sono insieme sollevati e tristi.

*

A Ercolano, lungo via Nazionale, non lontano dagli antichi scavi e dalle ville del Miglio d'Oro, fra architetture barocche, il mercato delle pezze di Resina e i nuovi fabbricati della speculazione edilizia che salgono, impavidi, fin sotto il cono del Vesuvio, vado in una scuola superiore. Un istituto polifunzionale. Le prof mi spiegano che questa scuola è sul confine fra aree a rischio: si combattono qui diversi clan e spesso davanti ai cancelli ci sono i «morti ammazzati». Nelle classi ci sono figli e figlie di vari affiliati e per questo l'istituto si è dotato da anni di molteplici attività di supporto: un giornalino tenuto dagli studenti, progetti di scambio con paesi di tutto il mondo, grazie ai quali i ragazzi vanno a fare esperienza di vita presso famiglie americane, tedesche, australiane, francesi, allo scopo di verificare che esistono altri mondi oltre Ercolano e le faide fra clan. Mi complimento. E la cosa funziona?, chiedo. Il preside sospira. Le prof mi spiegano: funziona sì, ma quando tornano nelle loro famiglie dopo aver vissuto qualche mese all'estero ricadono nel meccanismo di partenza. Spesso lo scrivono sul giornale scolastico: il mondo è diverso lontano da qui, ma io abito qui e questo è il mio destino.

L'orribile sensazione di un karma senza redenzione mi assale: per quanto lontano tu vada, appartieni a un luogo, appartieni alla famiglia, al clan, e non c'è speranza di cambiamento.

Le classi sono a prevalenza femminile: girano per la scuola pupatelle molto truccate, scafatissime e dall'abbigliamento aggressivo che nasconde curve spesso sostanziose.

Mi sembrate toste, dico loro al primo incontro.

Sghignazzano. Mica tanto, mi spiega la prof: sono così fino a che non si fidanzano, qui, a scuola. Perché?, chiedo. Perché dopo i maschi decidono tutto in vece loro: se devono studiare o no, se possono uscire e con chi, cosa devono fare e cosa devono pensare. E poi restano incinte. E com'è?, chiedo, così sfaccimmelle e non sanno usare un preservativo? La prof ha una cinquantina d'anni, si stringe nelle spalle: l'altro giorno una allattava in Presidenza, mi dice guardando a terra.

Anche qui nessuna legge o ha mai letto un libro in vita sua. Dopo un paio d'incontri dove farle scrivere è faticoso, faccio loro una domanda: quali sono i vostri sogni? E mi riferisco al futuro, a cosa faranno da grandi. Le ragazze si guardano fra loro, si stringono nelle spalle, abbassano gli angoli della bocca in una smorfia che sta a dire «Ma che vuò? Ma chi se ne 'mporta?» Provo a insistere. Io da bambina volevo fare l'astronauta, la giornalista, l'esploratrice. E voi? Dopo una mezz'ora una finalmente alza la mano: da grande mi vedo mamma.

Mi cadono le braccia. E sia. Mamma. Mamma e basta? Non vuoi fare un lavoro, non hai aspirazioni, ambizioni? Manco velina?!, penso, ma non lo dico. Nelle altre scuole è tutto un: voglio fare la televisione, oppure, senza mezzi termini: voglio fare i soldi e non me ne importa niente di come li faccio.

E questo anche a Bolzano, intendiamoci.

Dopo un'altra mezz'oretta una ha un'illuminazione: mi vedo ausiliaria del traffico. Brava, dico, e come mai?

«Perché è un lavoro di relazioni» risponde, candida. Dice proprio così, con una bella cadenza nostrana ma in questa strana lingua sociologica rubata a qualche talk show della fascia protetta: «Perché è un lavoro di relazioni. Si incontra tanta gente...»

*

Un pomeriggio decido di prendere il toro per le corna: non leggono, allora leggiamo in classe. Siccome hanno manifestato una spiccata predilezione per i film del terrore, porto con me un classico del genere: *L'orrore di Dunwich* di Lovecraft.

Lo sapete, chiedo, che quasi tutto quel che vedete nei film del terrore è scopiazzato o dai libri di questo autore o di un altro signore che si chiama Edgar Allan Poe?

Scoppio di gomma da masticare, sbadiglio, ammuina.

Due di loro si stanno truccando. Anche questo, il truccarsi in aula, è del tutto abituale in ogni tipo di scuola, anche nei licei, anche nelle classi dove si studia latino e greco.

Inizio a leggere cercando di metterci tutta la dote attoriale sviluppata in anni di rapporto col pubblico: Lovecraft mi aiuta. E in effetti dopo una mezz'ora che leggiamo è calato un discreto silenzio. Staranno dormendo, penso. E invece all'improvviso irrompe in aula uno dei soliti bidelli cui non importa niente che ci sia un insegnante, che la lezione sia in corso, sbattendo la porta e urlando un nome.

Ed ecco il miracolo: le ragazze in coro, una voce e un gesto a mano levata, urlano: FUORI!!!

Il bidello, spaventato, arretra in punta di piedi.

Le guardo.

«Prufissuré, andiamo avanti» intimano. Restiamo a leggere fino a un'ora dopo il termine abituale del laboratorio. Fino a che *L'orrore di Dunwich* non vince definitivamente sull'orrore vero dell'assenza di lettura. È fatta. Da questo momento il laboratorio sarà un successo.

*

Ho i volti delle aule di Bolzano impressi nella memoria: la figlia di un pittore, con un universo un po' speciale, che scrive storie fantasmagoriche e introverse, un giovanotto indiano abile nel fare i salti mortali, assai padrone del suo corpo e con un bel sorriso pieno, il cui italiano migliora a vista d'occhio accompagnato da una solida e motivata partecipazione alla vita, le figlie e i figli dei professionisti. Uno di questi, Guglielmo, all'indicazione: scrivi a ruota libera per cinque minuti, senza pensare alla grammatica, tutte le immagini che ti passano per la testa, si è ribellato. Ma insomma, ha protestato, e le regole dove vanno a finire?

Gli ho rivolto un gran sorriso: le regole ci sono e servono, ma se per cinque minuti le sovvertiamo non è per divertirci e basta, serve per tornare alla pagina con più fiato nei polmoni. Dopo scriverai meglio, ti sembrerà di avere più carne da mettere al fuoco.

Mi guarda sospettoso: ma mio padre dice che ci sono regole da rispettare... Insomma, lui dice che ci sono e lei – non mi dà del tu – dice di no...

Non è così, insisto: le regole ci sono, ma esistono regole per camminare in strada, regole per fare la dichiarazione dei redditi e regole per scrivere. E non è detto che si somiglino.

Mentre gli altri tirano fuori a ruota libera esilaranti storie di cani, di vecchiette, di eroi e cavalieri o di come hanno fatto uno scherzo alla sorella, Guglielmo non si sposta di un passo. Continua a pensare a suo padre che gli dice: stai alle regole. Cristina, la prof, una donna elegante e intrisa di severa dolcezza, prova a spiegargli anche lei che in certi casi derogare non è peccato. Guglielmo è proprio infuriato con suo padre: la rabbia lucida esce seghettata dal tono di voce, che in quest'età in cui i maschi hanno spesso ancora toni alti, sembra perfino un po' isterica. Però, lezione dopo lezione, si ammorbidisce. Scrive storie anche lui, per altro divertenti e credibili. Tiriamo un sospiro di sollievo.

Certo, l'idea che una storia debba svilupparsi e durare è ancora difficile da comprendere, a quest'età. Ci sono finali repentini e sorprendenti, trucchi di bassa lega: quando non sa più che fare il protagonista si sveglia, era tutto un sogno, o lunghi avvii pieni di dettagli che non arrivano al punto e quando scade il tempo della scrittura c'è il rammarico di non aver detto tutto.

Tranquilli, spiego, fanno così anche gli adulti.

Regole e sogni, dunque. Il bastone e la carota.

Alcune scuole e alcuni insegnanti sono ancora capaci di misurare questi due gesti. E così, anche in base a certe abilità mai verificate, si vorrebbero separare le scuole definite d'eccellenza da quelle che insistono sui cosiddetti territori difficili o a rischio.

Ma, almeno per la mia esperienza, non sono sicura di trovare queste grandi differenze: che siano più o meno truccati, più o meno firmati, con le unghie tatuate o vagamente alternative, che vengano da Scampia, da Capua, da Bolzano o da Castellammare, che siano camorristi o fighetti, le ragazze e i ragazzi della scuola italiana si somigliano.

Vado una sera di dicembre all'Instituto Cervantes di Napoli, magnifica sede sul lungomare di via Nazario Sauro inaugurata dal governo spagnolo e diretta dall'infaticabile e generoso José Vicente Quirante: presento, con

Valeria Parrella, Elvira Lindo, celebre scrittrice spagnola. Elvira ha scritto i più bei libri per ragazzi in lingua spagnola degli ultimi anni, protagonista Manolito Gafotas, in Italia tradotto come Manolito Quattrocchi. Si parla di scritture di donne e di come è cambiata nel tempo la percezione della donna che scrive, di etichette e di luoghi comuni sullo «scrivere donna» e anche delle attese sul futuro. Quando racconto delle ragazze dell'istituto di Ercolano, quelle senza sogni, quelle che al massimo vogliono fare la madre o l'ausiliaria del traffico, in fondo alla sala giovani studentesse di un liceo cittadino della zona bene, figlie di «professionisti», avvocati, medici, insegnanti, imprenditori, si agitano. Scuotono i capelli, sono indignate, preoccupate che quel che dico riguardi anche loro, certe di essere diverse. Ma gli studenti dei licei cittadini, che un sogno forse ce l'hanno, non hanno letto molto di più in vita loro dei coetanei degli istituti professionali, né intendono farlo, eccettuata qualche mosca bianca. Certo, quando capita, è più divertente far scrivere i ragazzi che un sogno ce l'hanno: magari non tutti, magari non chiaro, ma l'anima è già accesa, la presa di corrente funziona e la lampadina dà brillanti segnali di vita. Siamo, però, proprio sicuri che regole e sogni siano i soli anticorpi necessari a questo tempo? Ce la faranno a smontare un modello di abbandono e rinuncia, questa collettiva sconfitta in cui ci siamo adagiati?

3

Posillipo

Intorno alla scuola di Posillipo l'aria è sospesa in un'eterna primavera scintillante. A breve distanza dall'edificio in finto mattone, circondato da una pinetina che affaccia sul golfo, l'ospedale di zona, il Fatebenefratelli, è ospitato in una palazzina storica in finto stile gotico inglese, con due torri e una corte dove c'è il pronto soccorso. Altro che il lager del Cardarelli, il più grande complesso ospedaliero del Mezzogiorno, di continuo agli onori della cronaca per casi di malasanità nonostante i reparti d'eccellenza; altro che il vecchio Policlinico incuneato fra i vicoli del centro storico o, peggio ancora, il vecchio ospedale Pellegrini, dove per arrivare bisogna attraversare l'antico ma intricatissimo mercato della Pignasecca.

Sì, anche qui c'è odore di minestrina e disinfettante da pochi centesimi come in ogni altro ospedale, l'aria è viziata e le pareti sono rivestite di brutte plastiche, ma si fa il parto in acqua e ci sono stanze private graziose e, soprattutto, c'è il panorama. Si vede anche dagli ospedali se un'area cittadina gode di buona salute.

Accanto, la vecchia sede dell'istituto alberghiero dove, fino a pochi anni fa, venivano a studiare da tutta la Campania e dal centro di Napoli aspiranti maître, camerieri, cuochi, albergatori. La maggior parte di questi ragazzi venivano da via Duomo e da Forcella, dalle antiche strade degli abiti da sposa, della violenza e del mercato della droga: era bello e simbolico avere una sede nel mezzo del finto paradiso napoletano, con il mare e le isole in vista, il silenzio, il traffico quasi inesistente, il cielo azzurro a portata di mano, i bar a terrazze di via Petrarca. L'istituto, però, è stato trasferito, così su via Manzoni sono rimasti solo gli studenti della città bene, i posillipini.

Arrivo alla scuola, una media, perplessa.

La prof che mi ha invitato è una signorina con modi e sensibilità d'altri tempi, vestita di jeans ma con le perle, una prof che fa biodanza e dipinge, che è stata allieva di mia nonna alle scuole elementari e di un mio lontano parente all'università. Poi è stata anche nel mio corso di scrittura e ha chiuso il cerchio con i Cilento. Non è molto contenta delle relazioni nella scuola. Dei suoi studenti dice poco, ma dei genitori quel che dice è sufficiente.

Qui intorno le case sono spesso stratosferiche: ville da milioni di euro, appartamenti superaccessoriati, giardini che sembrano parchi e terrazzi che somigliano a piazze. Ma le strade su cui insistono questi fabbricati, dentro perfetti e spesso fuori bisognosi di manutenzione, sono in completo abbandono.

Tutta Posillipo ha fondi stradali dissestati, luci vecchie e malfunzionanti, erbe male che crescono nel cemento e si mangiano l'asfalto.

Qui abitano imprenditori, *sagliuti* (la Posillipo dei nuovi ricchi), vecchie famiglie di antica borghesia (pochissime), calciatori e politici. Le nuove divinità napoletane. E nessuno ripara una strada pur avendone competenze e possibilità, perché la regola si applica qui come nell'ultima vela di Secondigliano: quel che è pubblico non mi riguarda, quel che è privato lo curo. Una storia vecchissima.

Mi aspetto, quindi, ragazzi molto viziati ma che siano, magari, più colti della media di quelli che incontro.

La classe, al mio arrivo, fa casino come tutte le classi italiane: nessuno nei banchi, chi urla, chi si arrampica. I vestiti sono alla moda, però, e le ragazzine, alcune elfiche e bionde, pronte per una prossima anoressia, indossano tutine con firma in strass da diverse centinaia di euro. Iniziamo come sempre il laboratorio. Scrivono con vivacità ma senza grandi slanci creativi. Molti leggono, è vero, ma non poi quanto mi aspettavo. Molti sono depressi. Prendono già leggeri psicofarmaci, sono già, a dodici anni, nelle mani dell'analista alla moda. Non sono scolarizzati, stentano a restare in silenzio, il loro parere è quasi sempre più importante di quello della loro insegnante o del mio. Vanno in vacanza all'estero, hanno la barca, la casa a Capri e a Roccaraso.

Se nomino Stevenson la maggior parte ricorda vagamente di aver visto un cartone animato dell'*Isola del tesoro.* Se chiedo quanti libri ci sono in casa la risposta è vaga, meno onesta dei ragazzini delle scuole medie di Frattamaggiore, che ammettono quietamente che le librerie in casa ci sono, sì, ma mica servono a conservare i libri.

Non sono simpatici, questi ragazzini. E non è l'età. Sono spiritosi spesso fuori luogo, si vedono in trasparenza nei loro gesti le nevrosi o le assenze dei loro genitori.

Un'amica che ha avuto la figlia in questa scuola mi racconta di aver scoperto che nelle classi si fa sesso di gruppo e che le ragazzine qui trovano normale fare «pesce in mano» ai loro compagni, avere rapporti orali per entrare nelle simpatie collettive. E non sono pruriginose storielle di coppia, ma proprio metodologie di conoscenza di gruppo. Fanno telefonate porno. E i genitori, se interrogati in proposito, rispondono di non sapere cosa facciano i figli «nella nona stanza della loro casa». Nove stanze?, m'interrogo.

Così negli scritti dei ragazzi mi rassicura trovare ogni tanto veri slanci d'invenzione, non succedanei al videogioco di turno o al film visto a casa, e anche qualche rarissimo esempio di valore morale condiviso. Non trovo però in giro né umiltà, né pudore, né delicatezza. Sono schizzati, irrequieti, ipercinetici o, come ammettono da sé, depressi.

Alla fine del laboratorio, dopo un paio di mesi, segnalo al preside che qui la situazione, sia per la scrittura, sia per la condizione umana e psicologica, mi sembra sensibilmente peggiore che in scuole di altre zone o addirittura, che paradosso!, di zone a rischio. Il preside è un vecchio prof che aspetta la pensione. Se è fortunato entro quest'anno l'otterrà. Mi guarda con occhio velato, poi torna di corsa alla gestione di una segreteria che non gli obbedisce e di genitori che querelano la scuola se un bidello dice ai loro figli griffati che la carta della merendina non va gettata a terra. A colpi di politica e leggi l'autorità scolastica è diventata debolissima.

Del resto, genitori che non esercitano alcuna autorevolezza sui loro figli, assenti e disinteressati, incolti e presuntuosi, ricchi e arroganti, devono pur prendersela con qualcuno, altrimenti chi darebbe loro ascolto?

L'ultimo giorno ricevo un regalo da questa classe che non mi ha mai riservato, come altrove invece mi capita quasi sempre, alcuna simpatia. So che non rincontrerò questi ragazzi in strada fra qualche anno, che non mi fermeranno per dirmi come sta andando la loro carriera scolastica, che non mi diranno: che bel ricordo quel laboratorio fatto insieme. Apro la scatola: è una bella collana, ha un suo costo. Ne avrei fatto volentieri a meno in cambio di un sorriso, di un Sotoacèto che mi desse una pacca sulla spalla.

Mi tornano alla memoria le collette per comperare un regalo ai nostri prof, nel corso ormai lontano della mia vita di studente. Al regalo i prof si commuovevano e noi eravamo felici. Ci eravamo scambiati qualcosa di più importante di quel regalo, prima, e il regalo era solo il suggello di quello scambio.

Questa, invece, è una compravendita. Non si perdona ai genitori di certi ragazzi di aver loro insegnato solo questo. È davvero troppo poco.

4

Abbasso il «testo»

Scrive Ferruccio Parazzoli in *Inventare il mondo*: «L'analisi del racconto è abbastanza diffusa, molti l'hanno tentata spesso scambiandola per un possibile sistema d'insegnamento della scrittura. Nella scuola italiana non si fa molto altro, se pure si fa. Nessuno insegna a scrivere al di là della correttezza della grammatica e della sintassi e di una pseudochiarezza dei concetti. Tutte cose encomiabili ma che, in realtà, hanno assai poco a che vedere con la natura illusionistica della scrittura creativa».

Dibatto, in un freddo pomeriggio autunnale, con le insegnanti di Benevento, PON di formazione, scuola media anche qui.

Voi come fate a spiegare ai ragazzi cos'è una storia?, domando. Le signore, età media alta, tutte con figli grandi o con nipoti, molto simpatiche e vivaci – una classetta deliziosa – tacciono.

Benevento è una città orgogliosa: come Avellino e i centri dell'interno della Campania, guarda a Napoli con una certa sufficienza. Sarà perché è stata ducato longobardo, sarà perché produce il liquore Strega e porta a spasso gli autori selezionati dal premio omonimo, sarà perché ha bellissime mura e un magnifico teatro romano, ma di certo non si riconosce né nella Campania costiera e rumorosa, né nel vicino e riservato Molise. Credo coltivi silenziose ambizioni d'indipendenza, come decine di comuni di quest'Italia frazionata da secoli. Meravigliosi boschi l'avvolgono, un ridicolo trenino la collega alla capitale meridionale e un'aria d'altri tempi, molto vivibile, la conserva separata dal mondo.

I beneventani sono orgogliosi, svelti, discreti organizzatori e buone forchette. Benevento ha aspirato per qualche anno a diventare la Spoleto del Sud, con il suo festival teatrale. Decine di piccole compagnie si organizzano e autoproducono, pur scontrandosi con istituzioni del tutto sorde alle loro necessità. La scuola media che mi ospita è il fiore all'occhiello del centro storico: la preside, dal nome lirico, Norma, è una donna attraente e attiva, una dirigente vecchio stampo, inarrestabile, e altrettanto inarrestabile è Enza, prof di coraggio cavalleresco, che è venuta per anni a Napoli a seguire i miei corsi e ora mi ha esportato, armi e bagagli, nella sua città natale. La classe di insegnanti, come sempre alle prime battute un po' diffidente, certa che la formazione sarà un accumulo noioso d'ore sottratte al tempo libero, alla programmazione, ai loro figli e alla gestione delle case, si è presentata all'inizio sul piede di guerra. Come al solito, fra di loro le prof si conoscevano poco e si frequentavano meno. Da un po', a seguito dei molti incontri che abbiamo dedicato alla scrittura sensoriale, fra commozioni e rivelazioni, sono diventate un gruppetto appassionato e compatto: posso ora dedicarmi a questioni narrative più complesse.

E dunque, riprovo: voi come fate a spiegare ai ragazzi cos'è una storia? Segue un intenso silenzio. Cioè, insisto, non glielo spiegate?

Una, un po' incerta, prova a dire: be', immaginiamo che lo sappiano...

Vi ricordate Benigni e Troisi in *Non ci resta che piangere*? Catapultati indietro nell'Italia di Leonardo si sentono dei geni, immaginano di poter governare il mondo grazie alla conoscenza tecnologica moderna e poi si arenano di fronte al problema che usare è una cosa, saper fare è un'altra: una lampadina... eh, tutti sanno cos'è una lampadina. Già, ma tu la sapresti fabbricare?

Una storia, dico, deve sempre innanzitutto raccontare una trasformazione. Siamo tutti molto bravi a scrivere inizi o a immaginare una fine, cerchiamo il colpo di scena (c'è una fissa nelle scuole per questo benedetto colpo di scena!) e però il vero problema è far durare una storia, tenerla in piedi nella sua parte centrale: testa e piedi servono, ma in mezzo c'è tutto un corpo senza il quale il lettore si perde.

Avrò fatto questa lezione migliaia di volte negli ultimi diciassette anni, ho la terribile sensazione che la sappiano anche le pietre, ormai, così, cercando di non ripetermi (a me gli occhi, please) spiego che ogni storia degna di questo nome è divisa sempre in tre atti, cioè ha un inizio, un centro e una fine (e qui, improvvisamente illuminate, mi fanno il verso, timide: sì, sì, inizio, centro e fine, lo sanno!), quindi parliamo di Aristotele, degli ostacoli, delle svolte, delle regole dell'onda narrativa, del pensiero tripartito (si nasce, si vive e si muore; tesi, antitesi e sintesi; inizio, centro e fine: sì, sì, è vero, è vero!), delle barzellette (quando vi raccontano male una barzelletta ci restate male? Sì, non si ride. Già, è perché ci manca uno degli atti o è stato abbreviato, saltato ecc...) e infine leggiamo *I gioielli* di Guy de Maupassant e ci lanciamo alla ricerca di tutti gli indicatori che ho enumerato: la fine del primo atto (dov'è, dov'è? Ah, sì, è quando muore Madame Lantin!), la fine del secondo atto, il punto di non ritorno (è quando sviene Monsieur Lantin! L'ho visto, l'ho visto!). Le prof si divertono, prendono appunti, ma soprattutto hanno gli occhi che scintillano.

Ci soffermiamo sulle scene e sui sommari (la differenza non è mica chiara alla maggior parte di loro, così rallento: signore, una scena è quando il tempo scorre piano e l'azione si sofferma su dettagli impiegando anche molte pagine a concludersi, il sommario è quando il tempo scorre velocissimo, e le azioni pure, e in poche righe possono trascorrere anche centinaia di anni). Le prof annuiscono.

Non riescono ancora bene a immaginare come si dosino tutti questi elementi – e del resto per questo non bastano trenta ore ma sono necessari alcuni anni di laboratorio – tuttavia la ricetta della torta, se non la torta, comincia a comporsi.

Finché una fra le più silenziose e tranquille sbotta: senti, è proprio chiaro, adesso, ed è pure semplice e interessante. Bene, dico, lieta di averle traghettate indenni in una lezione dove, fra Propp, curve narrative e Greimas, potevano anche restarci secche. Ma allora, dice, animandosi come non s'è mai animata in dieci incontri, perché io con i ragazzi devo fare le sequenze?! E un'onda di perplessità e fastidio si solleva da tutta l'aula.

Il Terzo Stato rumoreggia agli Stati Generali: siamo arrivati al problema della riforma dei programmi, abbasso le sequenze, abbasso le sequenze!

In quest'aula, per ovvie ragioni anagrafiche, non c'è nessuna insegnante che abbia mai studiato lo strutturalismo all'università. Io stessa, che ho circa quarant'anni, l'ho studiato quando da poco era arrivato nei programmi d'esame. Non capirò mai perché la narratologia e i portati, a volte assai interessanti, dello strutturalismo siano stati innestati in maniera così cieca e pervicace nelle scuole di ogni ordine e grado, abbattendo in un sol colpo ogni altro strumento di lettura: come al solito si esagera.

La prof insiste: quando anche abbiamo diviso il testo in sequenze, queste sequenze sono tutte uguali e i ragazzi si fanno idee diverse di dove finisca l'una e inizi l'altra.

Ma soprattutto, la interrompo, non gli piace affatto quel che leggono. O mi sbaglio?

È così!, irrompono tutte insieme, non si appassionano!

Lo so, lo so.

Ora portare l'ordine nell'aula è difficile.

Ricordo assai bene il mio liceo: ero l'unica in classe a consultare di nascosto *Il materiale e l'immaginario*, perché ero curiosa e le antologie o i manuali mi stavano stretti. Sembravo secchiona e non m'importava sembrarlo: ero curiosa. Però adesso l'invasione delle strutture senza contenuti è una maledizione. In ogni scuola dove vado i prof e gli studenti masticano il boccone del testo all'infinito, analizzandolo fino a che non perde ogni sapore, quindi lo sputano in un test o in un saggio breve (si fosse capito cos'è...) e chiudono il libro (che fatica!) con la sensazione che non avranno mai più voglia di leggere in vita loro.

Insomma, dico alla prof insorta, se puoi, molla le sequenze!

Davveeeero???, mi chiede.

È come se si fosse messa in discussione una verità di fede: il Terzo Stato si agita nei banchi.

Sì, mollale. La tecnica non precede il sentimento. Tu hai in classe ragazzini che hanno bisogno di innamorarsi della letteratura, di sentire il bisogno dei libri prima di analizzarli. Falli leggere e basta. Leggi loro ad alta voce con espressione. Ogni ragazzino troverà qualcosa nei libri in cui identificarsi: le storie sono state scritte apposta, parlano di noi. E poi, se puoi, smetti di chiamare un romanzo o un racconto o una poesia «testo»: all'università va bene, ma alle scuole medie e anche alle superiori bisogna dosare il linguaggio medico dell'analisi, altrimenti ogni cosa si raffredda. Le cose hanno nomi per essere amate e nomi per essere studiate.

Un romanzo, già antologizzato, ridotto a campionatura senza contesto, non può stare sul tavolo anatomico come la rana sin dalle scuole elementari: tutti in Italia parlano di «piacere del testo», ma io, scusatemi, non provo alcun piacere con il testo, posso avere orgasmi solo con romanzi o racconti o poesie. Pure, uso la narratologia tutti i giorni per insegnare e, in qualche modo, la riconosco nei movimenti che faccio per scrivere da venti anni. Ho impiegato tutta la vita, però, a uscire dalle parcellizzazioni della cultura insegnatemi a scuola. Non tutti possono o vogliono e non tutto si può fare a scuola, ma almeno usiamo i libri per la loro intensità oltre che per il loro peso.

La prof esulta: posso, allora, non fare le sequenze?

E in quell'espressione, «fare le sequenze», così simile a «fare la matematica», visualizzo di colpo schiere di insegnanti e studenti robotizzati che montano sequenze e avvitano la matematica in una fabbrica di chapliniana memoria.

Gli alberi della campagna beneventana stormiscono: ho un'allucinazione, questa notte nevicherà sulle montagne vicine e una Vandea in rivolta verrà a imporci da capo le sequenze!

Sì, insisto, quando spieghi cos'è una storia puoi non «fare» le sequenze. Puoi far guardare loro l'insieme. Leggeranno, allora, Foscolo, Leopardi, Saba e Montale riconoscendo situazioni e comportamenti a loro familiari. Sono fatti umani, li riguardano.

La lettura è riconoscimento, identificazione.
E dopo, mi chiedono perplesse, dopo aver letto che si fa?
Si fa, rispondo, che se si sono appassionati a un tema o a un personaggio li potrete portare su temi e personaggi simili, si fa che da Harry Potter è facile tornare a Dickens. E si fa che solo allora, quando avranno scoperto che i libri si parlano fra di loro e dialogano con te, lettore, che i libri sono la più grande rete di relazioni ad alto tasso emotivo – altro che internet – che l'uomo abbia mai creato e che questa rete s'interfaccia di continuo con la pittura, la musica, il teatro e il cinema e che le arti tutte sono l'unico segno che la specie umana ha ancora una ragione d'esistere, anche se tutto presto dovesse venir spazzato via, insomma quando si saranno accorti che la solitudine che provano è stata provata da milioni di persone prima di loro e che la vita vale la pena d'essere vissuta per questo, perché non siamo soli e i libri lo dicono, solo allora gli darete le armi del chirurgo.
E farete le benedette sequenze.
Pausa. Ma non silenziosa. A volume altissimo mille informazioni e commenti volano sulle nostre teste alla velocità della luce. Mi ronzano le orecchie.
Signore, per piacere... Un nuovo silenzio.
E poi, mi chiede un'altra, poi che si fa?
Comincia a preoccuparmi questo ruolo da Robespierre, mi tocco il collo, pure mi sembra di star dicendo la cosa più ovvia del mondo...
Si fa che i ragazzi, se davvero si appassionano ai libri, proveranno a scrivere: del resto, anche quelli che non leggono quasi nulla scrivono poesie, diari, canzoni... Un coro di sì. E quindi, riprendo, cercheranno di imitare il libro che gli è tanto piaciuto scoprendo che non ne sono

capaci. E le armi del chirurgo verranno loro in aiuto, nel tentativo di imitare meglio, di proseguire nel percorso di scoperta della scrittura.

È per questo, concludo, che stiamo facendo il laboratorio di scrittura.

Prendo un respiro, bevo un po' d'acqua.

Fuori la tempesta è scoppiata: il trenino che mi riporta a casa sarà identico a quello di Harry Potter quando lo assalgono i Dissennatori, gelido e sconquassato. Mi stringo nel pullover.

Però non è finita: un paio di loro mi guardano afflitte. Allora, dicono, è meglio che cambiamo mestiere, è troppo difficile.

Ma no, le incoraggio, no, assolutamente!

Accidenti, ci mancava il picco depressivo.

Però, penso dentro di me, è vero. Molte di loro non ce la fanno. So anche che, tuttavia, non cambieranno mestiere, come dicono adesso, e che nessun insegnante, come nessun ragazzo, è un caso così perso da non potersi reinnamorare delle storie.

Insisto e al termine dell'incontro sono più gasate che depresse. Fuori è buio e piove fitto, raccolgo il mio Maupassant ridotto in fotocopie e mi dirigo verso la stazione. L'inverno è arrivato, gli alberi si piegano al vento. Il treno che attraversa la Valle Caudina è sporco, gelido e poco frequentato. Mi stringo nel piumino e mi dico: ragazza, che rovina «crederci», si finisce a fare questo lavoro ridicolo, fatto solo di speranze e fede, scrivere e insegnare a scrivere.

Un altisonante METROPOLITANA CAMPANA NORD EST è stato incollato sulla fiancata di un regionale a marce, coi divanetti verdi e unti, braccini neri e focomelici, un treno afosissimo d'estate e umido adesso. Sbircio malinconica lo schermo a cristalli liquidi, che è stato aggiunto a questo caravanserraglio per fingere la modernizzazione, con il percorso e la velocità a colori luminosi. Mica c'è niente da fare. Andiamo a trenta all'ora, punto.

E fermiamo a ogni portone.

Le ragazze più giovani, spaventate dall'ora tarda, sono passate le otto di sera, mi hanno chiesto in quale vagone salivo, per stare tutte vicine. Le ho guardate ironica: certo, avrei voluto dire loro, la mia presenza è una garanzia... Ma ho risposto: il primo. E così ogni tanto ora mi salutano di sopra ai loro cellulari con cui dialogano nella notte. Intorno a noi mendicanti, qualche grasso pendolare, i neri che tornano dai mercati o dai cantieri e dormono appena si siedono.

Mi metto vicina a loro se sono sola, scanso i napoletani e gli sbandati, questi ragazzi hanno un'aria più rassicurante, infatti mi sorridono e si limitano a chiedere: signora, vai a Napoli?

Sì, dico.

Eh, qui troppo freddo, aggiungono.

Ogni tanto, il treno scorre accanto ai bar delle stazioni di provincia: autisti, carpentieri, camionisti, il barista, tutti a prendere un caffè o un cicchetto alla luce dei neon, nel bel mezzo della notte.

Altro che Harry Potter e Dissennatori.

Al binario, un'ora dopo, scendiamo alla chetichella, le ragazze coi cellulari che si guardano intorno smarrite e poi sgattaiolano via, sui loro stivali col tacco dodici.

Io devo prendere un paio di metropolitane, forse verso le dieci sarò a casa.

Riapro Maupassant, anche se in fotocopia.

Che bel tepore.

5

A cosa servirebbero e a chi, invece, servono i PON

L'ho portato al ristorante macrobiotico, che è l'unico dove possiamo mangiare in santa pace e fuori orario, arrivano tutti dopo le due e invece noi siamo qui a fare l'intervista già da mezzogiorno. Claudio si guarda intorno e si sistema sulle poltroncine bianche, eredità di un pub assai alcolico che ha preceduto questa nuova versione bio-vegetariana. Le cuoche, due mie care amiche, ci salutano contente.

Allora, chiedo, Claudio, serve a qualcosa questa benedetta autonomia? Claudio ha trentacinque anni, insegna da cinque, è stato ed è attore, organizzatore di eventi teatrali e letterari, è gay e impegnato nelle battaglie per la cultura della differenza. Abbiamo frequentato insieme l'università e fatto in tempi simili il concorso per entrare nella scuola; lui per entrarci davvero, io solo per fare contenta la mia mamma, timorosa di una vita precaria. In questo momento, per paradosso, forse è quasi più precaria la vita di Claudio rispetto alla mia che, in quanto scribacchina, precaria lo sono da sempre e per professione di fede.

Eh, dipende, mi risponde. Da che?, chiedo. Dalle scuole in cui capiti. I margini per muoversi, a prescindere dagli orrori iniziati con la riforma Berlinguer, ci sarebbero, a patto di definire un'idea di scuola come centro di produzione culturale aperto al territorio.

Beviamo tè bancha. Scotta. Nella scuola dove Claudio insegna, un liceo scientifico di Frattamaggiore, il mio laboratorio di scrittura va avanti, con me o con una mia allieva, da cinque anni. Sono venuti fuori bei racconti, li abbiamo anche pubblicati grazie a Claudio che al laboratorio crede moltissimo, così come a molte altre attività sussidiarie che incoraggia e segue: laboratori di lettura espressiva e di teatro, incontri con l'autore, rassegne. Tutto, il più delle volte, contro la volontà della dirigenza e scontrandosi con l'ostilità o la noncuranza dei colleghi nonostante l'entusiasmo e la partecipazione dei ragazzi.

Il sistema, riprende, è un vaso vuoto, pieno di risorse cui attingere secondo le tue capacità. Sta alle dirigenze entrare più o meno in sintonia con le possibilità dell'autonomia e questo dipende da come sono stati abituati a percepire la scuola, prima da studenti, poi da insegnanti – se lo sono stati – e ora da dirigenti. Spesso le risorse dei PON e dei POF restano inutilizzate o vengono usate fraintendendone lo scopo: diventano, insomma, ammortizzatori sociali endogeni, interni o trasversali, per ricollocare precari o gli stessi insegnanti.

Insomma, lo interrompo mentre arriva la zuppa di miso, si usano i fondi per coprire le spese in eccedenza o per far lavorare gli insegnanti indipendentemente dalle loro competenze o capacità?

Claudio annuisce e precisa: questo principio un po' all'inglese che prevedeva una scuola capace di inglobare competenze e sollecitazioni esterne al normale percorso di studi si è trasformato in un sistema di spartizione. Così viene meno la specificità delle competenze.

Sorbiamo la zuppa. Ci stiamo dicendo cose che sappiamo entrambi benissimo: quante volte Claudio mi ha telefonato per dirmi: guarda, a scuola mia non vogliono spendere i soldi per avere te, scrittrice, ma preferiscono che sia un prof interno, che magari non sa manco scrivere, a fare il laboratorio.

Il miso lo rianima: il fatto è che, invece di creare nella scuola dei fili che portino i ragazzi verso la società civile, verso l'esterno, verso l'arte, il teatro, la letteratura, la scuola ha creato un sistema alla Maria De Filippi dove prevale la non specificità dell'insegnante e dell'alunno, perché l'insegnante spesso non sa cosa insegna e l'alunno non sa a cosa sia veramente interessato. Tutti possono fare tutto, in totale anarchia e in maniera indifferenziata, facendo leva sulle empatie elementari o su cortocircuiti curricolari-extracurricolari...

Guardo Claudio a quest'ultima espressione. Ogni tanto ho bisogno anch'io di spiegazioni: Claudio parla proprio così. E scrive, tra parentesi, pregevoli poesie, perché fra le cose che ha fatto ci sono una tesi su Ceronetti e incontri con i poeti contemporanei, specie i meno noti, il che è già un paradosso considerando che nelle scuole dove vado e nei laboratori che tengo quasi nessuno legge poesia d'oggi e il nome più vicino nella memoria di grandi e piccini resta, per l'appunto, Montale. Già Sanguineti e Zanzotto sono ancora avanguardia – e non c'è da esserne felici – figurarsi, che so, Anedda, Attanasio, De Angelis, Frasca o altri.

Quindi, spiegami bene questa storia dei cortocircuiti che non ho capito, insisto.

Il fatto è – attacchiamo il riso con la verza – che i laboratori pomeridiani vengono veicolati come un'estensione della lezione della mattina.

Ma scusa, chiedo, per quello non c'è già il recupero, vale a dire le ore destinate agli studenti che non raggiungono la sufficienza?

Vedi, dice Claudio, la colpa è, più che di alcuni insegnanti in malafede, del sistema scolastico che vuole monitorare ogni attività in base ai numeri. I laboratori non sono sacche di approfondimento per i programmi del mattino, almeno nelle intenzioni del Ministero, ma nascono per aumentare l'offerta formativa, cioè fornire opportunità vive, come la tua, che non si sviluppano durante le ore di lezione.

Così è fuorviante la domanda che compare in ogni modulo relativo alla progettazione: qual è la ricaduta del progetto? Non dovrebbe esserci nessuna ricaduta, ma una riattivazione della piacevolezza della formazione.

Insomma, m'intrometto, starebbe ai laboratori mostrare ai ragazzi il mondo e far scoprire loro che la scuola non è solo una tappa punitiva ma che ci sono altri campi che dalla scuola poi li aspettano?

Sì, dice Claudio, ma questo non si può fare se non aggirando la legge che impone a tutti i costi il numero come metro della formazione: noi, per prima cosa, ci accapigliamo sul numero di studenti che potenzialmente è interessato a seguire un progetto. Se sono tanti bene, se sono pochi male. Ma così saranno validi solo quei progetti coordinati da insegnanti che hanno inteso quel progetto come estensione dell'attività mattutina, cui i ragazzi andranno per essere più certi della promozione o del voto. Invece, secondo me, un progetto che funzioni dovrebbe essere in grado di dar voce alle minoranze motivate, specie quando agisce in provincia.

Siamo passati alle carote con i piselli. Le cuoche salutano senza avvicinarsi, hanno capito che oggi non possiamo chiacchierare.

Capisci?, mi fa Claudio, la selezione è importante: tu,

studente, ti diverti? Ti interessa? Allora vieni. Non venire se sei qui per il voto o per scaldare il banco.

Però, obietto, se noi iniziamo un laboratorio con quaranta ragazzi o quaranta insegnanti e ce ne restano una decina o meno, anche se sono solo quelli veramente motivati, il progetto rischia di essere cancellato e noi di non essere pagati...

Infatti!, dice Claudio, e qui è l'assurdo. La dirigenza valuta l'economicità, il costo per allievo. È un monitoraggio miope! Così i corsi più affollati sono quelli a carattere sportivo, perché sono vantaggiosi per l'aspetto economico: costano poco e sono affollati di studenti. Ma a me non sembra giusto, visto che palestre a basso costo, supermercati e centri commerciali affollano il territorio, e quindi non ha senso che la scuola si metta a competere con la gratuità su un'offerta già così bassa. Si ferma, beve il tè e soggiunge: i progetti molto appetiti sono anche quelli che uniscono molti insegnanti della scuola come esperti.

Insegnanti competenti?, chiedo.

Claudio fa un'espressione irripetibile.

Ultimamente, soggiunge, una collega mi ha proposto di condurre un laboratorio teatrale nonostante a scuola fosse già attivo un corso di drammatizzazione condotto da un ottimo esperto esterno e visibile, per i suoi risultati, anche in concorsi nazionali, ma quasi invisibile a scuola. La collega voleva scrivere, allestire e interpretare un testo con un gruppo di altri colleghi. Le ho chiesto: bene, e chi sarà l'esperto esterno? Nessuno, mi ha risposto, faranno tutto i ragazzi. Cioè?, le ho chiesto. Pensano una scenografia, la disegnano e la realizzano, mi risponde. E chi insegna loro come si fa?, insisto. Noi, dice lei. E ne avete esperienza?

No, fanno i ragazzi.

*

Guardo Claudio e mi rendo conto che questa è una metafora più grande del nostro paese, dove chi non sa fa, chi s'improvvisa ottiene e, soprattutto, dove le generazioni anziane, invece di occuparsi delle più giovani, di passare loro il testimone, di lavorare per il loro futuro, guardano al presente e al profitto personale. Non conta che i ragazzi imparino qualcosa, tanto sono già così bravi... Ma arrotondare subito lo stipendio sì, questa è una priorità.

Claudio riprende: a me sono venuti in mente, ascoltando la collega, i genitori degli alunni che protestano per i cattivi voti dei loro figli. Noi li seguiamo, dicono, noi sappiamo tradurre. Allora gli insegnanti chiedono se per caso siano specialisti o colleghi d'insegnamento. Nella maggior parte dei casi sono solo genitori affranti.

Ogni anno, dice Claudio, per evitare di trovarmi coinvolto in avventure simili a quella della mia onnipotente collega, che si credeva capace di essere drammaturga, scenografa e regista, presento il curriculum, così, nell'eventualità impazzissi e proponessi un progetto di acrobatica, tutti potrebbero verificare che so far bene alcune cose ma che, quanto ad acrobatica, sono un pezzo di piombo.

Ma, mi domando, chi verifica la validità dei curricola degli insegnanti? Per gli esperti esterni si fa un bando, si valutano le competenze e spesso si sceglie non in base a queste quanto al risparmio offerto dal budget dell'esperto di turno. Questo lo so bene: piuttosto che pagare a prezzo pieno me, che sono scrittore e insegno da diciassette anni il mio mestiere, si scelgono spesso laureandi o freschi laureati che magari hanno seguito tre mesi di corso (spesso persino del mio!) e hanno bisogno di lavorare. Salvo poi lamentarsi gli insegnanti del risultato. E per i prof? Come funziona?

Claudio risponde: in alcune scuole c'è una commissione, ma difficilmente si esprime in maniera negativa verso un collega. È complicato dirgli: non credo tu possa farlo perché non hai le competenze. È un problema di sensibilità, di amicizia, di opportunità. Rientra qui in ballo la responsabilità della dirigenza che dovrebbe credere nel progetto, ma è invece pressata da sistemi di valutazione numerici, da ispettori, dal Ministero...

E, soggiunge, per esempio il mio preside sostiene che la scuola, poche chiacchiere, deve insegnare a leggere, scrivere e far di conto. E io potrei anche essere d'accordo per quanto riguarda le scuole elementari, ma alle superiori... Quando gli propongo un PON lui mi risponde che «non ci crede». E hai un bel dirgli che non si tratta di atti di fede né che la questione sia religiosa, sorride. Alla fine progetto i POF, perché quando abbiamo presentato un PON il Ministero ha chiesto al preside una valutazione e lui non ha mai dato risposta.

Insomma, arrivati al dolce, la questione di fondo è: gli esperti esterni sono rogne perché sottraggono risorse agli insegnanti. Postilla, aggiunta da Claudio: la condizione esistenziale dell'insegnante è il delirio di onnipotenza.

Usciamo dal ristorante sotto una pioggia battente. Le cuoche ci salutano, la manina levata, grembiule e cappello bianchi, immerse nell'arancio che dipinge le pareti del ristorante.

Claudio, domando, ma quanto conta il fatto che tu sia giovane? E mentre pongo la domanda mi rendo conto che ho quasi quarant'anni e anche Claudio e che gioventù non è più l'esatta definizione del nostro stato ormai da un bel po'. Ero giovane, sì, quando a ventitré anni facevo il mio primo e unico anno d'insegnamento nella scuola elementare privata sotto casa. Ero giovane, sì, quando ero l'esperto esterno di Nusco o di Atripalda in Irpinia e avevo ventisei anni. Ma dopo no, dopo non sono più stata giovane, ho smesso di esserlo dai ventisei in avanti. Forse, a onor del vero, ho smesso d'essere giovane a diciott'anni, quando mi sono detta che, certo, avrei dovuto comportarmi da giovane e ho scoperto che a parte l'anagrafe non ho mai ragionato con la sindrome della gioventù.

L'Italia è un paese ipocrita. Anche adesso che sarei una donna biologicamente sulla soglia dell'infertilità, entrata quasi negli anta, tutti mi dicono: ma come sei giovane... Nessuno pensava fino a vent'anni fa che avere quarant'anni, specie per una donna, coincidesse con la giovinezza.

E quindi chiedo a Claudio: sei discriminato perché sei «giovane»? Sì, a volte mi sottraggono la mia porzione di autorità, cui, certo, tengo pochissimo. Mi guarda e dice: sono affezionato a un'idea di paideia pasoliniana in cui il docente è un intellettuale organico, quindi a volte sono contento di essere confuso con altre funzioni operanti nella scuola.

Traduzione: non m'importa un fico di recitare il ruolo dell'insegnante e pazienza se mi scambiano per un bidello.

Penso con divertimento alla faccia di alcune prof che poco o niente sanno di Pasolini o della «paidèia», tutte pignatte e figli, quando ascoltano questo brillante laureato, «giovane», che parla così a loro e agli studenti...

Una volta, prosegue Claudio, durante un consiglio di classe, sono stato contestato perché a giudizio delle colleghe non potevo capire i ragazzi visto che non avevo figli ed ero troppo giovane. Ora so che è stato un errore mantenere la calma. Oggi sospenderei il consiglio e lo costringerei ad aggiornarsi e non mi presenterei alla nuova convocazione costringendolo ad aggiornarsi ancora.

Mi è capitato, a scuola, racconta Claudio, di essere stato aggredito in quanto omosessuale. Mentre i ragazzi mi seguono in ogni tipo di escursione letteraria e nei progetti di cultura della differenza e sono entusiasti se invito scrittori e sceneggiatori come Matteo B. Bianchi o Ivan Cotroneo, i colleghi sono molto meno elastici. Una prof d'arte ha deciso, qualche tempo fa, di far disegnare ai ragazzi caricature di docenti inseriti nei paesaggi della Divina Commedia per una mostra esposta al pubblico nella scuola e ha chiesto ai ragazzi di disegnarmi in calze a rete, tacchi, con l'occhio bistrato e una rivista per adulti fra le mani. Alcuni ragazzi si sono rifiutati e ribellati, altri hanno accettato. Ho atteso invano che la presidenza prendesse una posizione chiara, netta e legale. Ho fatto togliere la caricatura e diffidato la collega. La prof, per tutta reazione, ha urlato che non si capiva perché mi vergognassi di essere come sono se non mi vergognavo di mostrarmi in un ristorante con il mio compagno. È stato imbarazzante essere difeso dagli studenti e dai genitori e mai dal preside e solo da pochissimi colleghi.

Ho avuto in classe, dice Claudio, una ragazzina lesbica per niente problematica ma con un padre decisamente omofobo che la perseguitava e chiedeva aiuto ai docenti nell'azione persecutoria. Invano avevo detto al padre e ai colleghi che era lui ad aver bisogno di un buon ciclo di terapia. Durante l'anno la genitrice di una compagna di classe molto procace mi aveva confidato le sue paure: la figlia riceveva di continuo bigliettini d'amore da parte della giovane «deviata». Mi pregava di farlo presente a tutti i colleghi.

Reazioni dei colleghi: il prof di matematica aveva la soluzione, evitare che la ragazzina frequentasse i bagni della scuola, risaputo territorio di caccia (ma che ne sa, mi sono chiesto, un eterosessuale sposato e cattolico dei bagni pubblici e della loro territorialità?); la prof di latino aveva una considerazione da far verbalizzare: «questa situazione getta discredito sul buon nome della scuola», che, aggiungerei, come tutti sanno, è emanazione del sistema etero-patriarcale; la prof di educazione fisica sentenziò, affranta: meglio un figlio drogato che ricchione; il vicepreside, convinto ch'io fossi a digiuno di esperienze, mi volle rendere edotto sull'esiziale proselitismo del Gay

Pride. Ovviamente trasalì quando gli confidai che non me ne perdevo uno.

La ragazzina si ritirò, ma più perché non aveva aperto libro che per la sua tenera cotta per la compagna di classe. A distanza di anni l'ho rivista, per fortuna, mano nella mano con una deliziosa fanciulla in un locale napoletano.

Lascio Claudio tornare verso casa e mi ritiro a meditare. L'ultima cosa che mi ha detto riguarda il perché insiste a chiamarmi come esperto esterno di scrittura creativa nella sua scuola.

Una mia collega sostiene che ciascuno di noi dovrebbe farsi «venire un crampo alla mano» prima di mettersi a scrivere, mi dice Claudio, severo. Avrei vissuto assai meglio la mia adolescenza se i miei prof non mi avessero «fatto venire il crampo». Non vale la pena vivere un complesso d'Edipo linguistico: abbiamo da dire una molteplicità di cose e ci costringiamo a farlo in uno spazio buio e ristretto. Noi viviamo ciò che riusciamo a dire di essere. Il demone senza voce che è nei ragazzi cerca le parole per dirlo.

6

La scrittura scalza

La scrittura entra nelle scuole scalza perché nessuno crede di doverle mettere le scarpe, di aprire strade o stendere tappeti. Tutti ne parlano, nessuno la conosce e, come una parente lontana e impresentabile, la si cita, le si favoleggia intorno, la si invita a cena per convenzione sperando sempre che per un caso o per indisposizione non si presenti e diserti il desco.

Il problema è che, come i pesci, le parole fuggono, non vogliono essere pescate. Fanno il gioco di sempre, luccicano nell'acqua, fanno scorrere il loro meraviglioso corpo nel fluido, come le balene di Rosa Montero ne *La pazza di casa*, e ci promettono invenzioni che ci sfuggiranno.

Allo stesso modo la memoria, come scrive Iosif Brodskij in *Fuga da Bisanzio*, provoca vertigini, suggerisce speranze agli scrittori che tentano il mestiere di pescatori del passato.

La memoria è evoluzione, è la coda che i secoli ci hanno tolto. Raccogli pure i pesci, scrive Brodskij, raggranella parole e pezzi del passato, ma, una volta messi nella rete, senz'acqua i pesci muoiono.

Scrive Jennifer, quinta ginnasio a Napoli, sull'ascolto di Sting, che vuole volare e volare, cadere e riprendere a volare. L'importante, dice, è non cadere «in questo mare di pesci tutti uguali».

*

Per chi avesse il dubbio (eterno solo in Italia) che la scrittura non preveda insegnamento, è forse opportuno rileggersi quest'estratto di lettera di Francesco De Sanctis, il padre della storia letteraria italiana, indirizzata a una giovanissima aspirante scrittrice napoletana, Grazia Mancini, esule con la famiglia a Torino in pieno Risorgimento:

«Ho letto i tuoi versi. L'insieme non cammina, essendo una cucitura di pensieri differenti, che si presentano, quando uno li cerca apposta, ma non sorgono tutt'in una volta spontaneamente. Le due prime strofe sono naturali, semplici, con versi facili; le altre due sono poco felici. Veggo con piacere che intendi la struttura del verso; è già una gran difficoltà superata. Continua, ma esprimi i tuoi sentimenti, che quando il cuore è pieno, sgorgano in copia e naturalmente. A che pro, mi domandi? Un'anima nobile scrive non per aver fama e onori; scrive per dovere, per esercitare le sue facoltà; scrive per bisogno, per dare uscita alle sue forze rigogliose».

Insegnavano scrittura il marchese Basilio Puoti, Francesco De Sanctis, Luigi Settembrini e molti altri, nella convinzione che chi non sa leggere con profondità ed essere padrone della scrittura in ogni sua forma non sarà mai libero e che la punteggiatura, i congiuntivi e i condizionali fanno i cittadini di una nazione.

7

La scuola della Gatta Cenerentola

I muri della Vesuviana sono di cemento spellato.

Grigi o gialli, hanno perso tinta e intonaco, se ne cadono letteralmente a pezzi. I tubi dell'acqua, del gas o degli scoli se li mangiano, come rami di brutte edere. Anche l'edera verde o rossa, secondo le stagioni, mangia i muri divisori, fra caseggiato e treni, fra caseggiato e caseggiato e anche quando è moribonda e infetta rimane comunque la cosa più bella da vedere a parte il cielo. A parte il cono del vulcano.

Via Salute, la strada che risale le pendici del Vesuvio e attraversa Portici, conduce dal mare al crocicchio della scuola elementare di oggi pomeriggio. La strada è separata da alberi e rovi da un muro nero, di pietra lavica, che scorre ininterrotto. È un muro di età borbonica, è vincolato e non può essere abbattuto, così i porticesi, che sono tanti e hanno ancora il primato per la più alta densità abitativa d'Europa da oltre cinquant'anni, ci hanno costruito case fin quasi addosso, lasciando solo una stretta strada di basoli antichi da cui le auto scorrono disordinate e veloci in fila indiana a senso unico. L'altro lato della strada è assediato di parchi residenziali, isolati da cancelli verdi e bianchi, con larghissimi balconi e giardini piantati ad abeti, pini e salici. Nella penombra dei giardini, mai troppo curati, una panchina rotta somiglia a un lupo solitario. Gli ingressi di via Salute sono spesso enormi portoni barocchi che i secoli hanno eroso, rimasti senza palazzo o villa e senza muro di confine, incastonati nel cemento e nel ferro, circondati da rampicanti, geranei condominiali, stucchevoli mattonelle estive, tende da sole e parabole. E auto, auto, auto.

Spunto in via Salute dal sottopasso della Vesuviana che è invece tappezzato di scritte spray, mosaici di sputi, melme assortite. Percorrono il sottopasso con me larghe matrone troppo truccate e dal generoso décolleté, molto simili alle maestre o alle prof che caracollano, pesanti, nelle classi dove sto per arrivare, giovanotti magrissimi con pulloverini scollo a «vu» e cinturone sudombelicale, cartellina sottobraccio, jeans e capelli ingelati, operativi commercialisti del lavoro al nero, sedicenni timidissime che interrogate su un indirizzo sobbalzano come fuscelli, come se le stessi attaccando.

I bambini fuori la scuola sono bambolotti superattrezzati, il giocattolo delle mamme. Retine sullo chignon per le piccole ballerine, giubbottini scamosciati, carrellini da spesa, tute da ginnastica. Saltellano, parlottano, concionano.

Le maestre in aula sono faticose. Urlano, per tutto il tempo. Se devono salutarsi, se devono comunicare un dato tecnico, se devono dirmi qualcosa su quanto ho spiegato o su cosa hanno scritto. Urliamo troppo, lo sappiamo, si scusano. Urlano in classe, urlano per la strada, si urlano addosso e non si ascoltano più, da anni. Non sanno più nemmeno che rumore fa il loro cuore e il cuore per farsi sentire batte più forte, fa salire la pressione, le fa tutte rosse rosse in faccia.

Avevo una maestra alle scuole elementari che sussurrava in aula con noi bambini. Parlavamo tutti sottovoce e nessuno si permetteva mai di alzare il tono. Ricordo con piacere il silenzio dell'aula, il mormorio, la voce quieta e un po' gracchiante, arrotata e femminile della maestra Adele Migliaresi. Anche ora che la incontro sotto casa e che si è fatta candida – ha sempre gli stessi occhi azzurri acuti, addolorati e scherzosi – tendo l'orecchio. Ha la voce bassa. Ho imparato molte cose nella vita tendendo l'orecchio, non so se qui i bambini o le maestre fanno altrettanto. So che mi stanco, esco da queste aule esaurita, come dicevamo da ragazzi e ancora si dice. Come stai? Sto esaurita.

Non alzo la voce, perché mi sembra di essere al mercato, ma la faccio risuonare più profonda, cerco di ipnotizzarle, ricorro ai trucchi del teatro e della respirazione perché qui parlare a un volume normale e farsi intendere è impossibile.

Quando scrivono, improvvisamente costrette nei banchi dove di giorno loro costringono i bambini, tornano alunne. Si guardano intorno con l'occhio avvilito da faina, perché non sanno come svolgere il compito e vorrebbero parlare fra loro dei casi della vita, delle ricette della sera, del moccio dei bambini, di quel genitore o quell'allievo e io invece chiedo loro di pensare alle parole, alle emozioni, ai ricordi, alle storie. Una fatica improba. Sono Ercole, no, sono Atlante. Confabulano, come se io non fossi lì, come galline in un pollaio a conduzione forzata. Magari ce ne sarà anche una pronta a volare, come nel film *Galline in fuga*, e crede che l'esperto esterno sia l'uccello imbroglione del film, che promette lezioni di volo impossibile a realizzarsi. Ma la verità è che nessuna desidera volare. Sì, ci sono galline rivoluzionarie, che recitano la parte, ma sono solo chiacchiere, semplicemente chiacchiere dette in un tono diverso da quello che usano le altre. Mentre scriviamo ai piani superiori rotolano sedie e tavoli, i bidelli fanno pulizia, un segretario entra rumorosamente portando una busta alla tutor e le altre gallinacce strepitano: c'è posta per teeee... e l'esercizio di nuovo s'interrompe, poi squilla un cellulare, il primo di altri venti (Barry White, Sex and the City, il Bolero, l'ultimo di Anastacia, il nitrito di un cavallo) e di nuovo confabulano su cosa scrivere e dicono Oggi non abbiamo ispirazione o nel silenzio, così a fatica conquistato, una sbatte la penna sul banco e sospira Basta!, fingendo una sordina che è invece rumorosissima, come al tempo degli esami di stato o dei compiti in classe, per ottenere la mia attenzione, nella speranza ch'io dica: stop, e fermi l'esercizio. Giacconi, cappotti, borse, penne, mani troppo grasse per scrivere, cervelli imbizzarriti. Le anime in pena delle maestre.

Oggi, sul binario della Vesuviana, giovane donna incinta con tuta da ginnastica rossa e cappuccio. Grossa come un lottatore di sumo, la faccia da maschio con labbro doppio, occhio strafottente, avrà a stento vent'anni. Solo i capelli, raccolti a tuppo sulla testa, cioè a chignon, la riconoscono femmina. Per converso, accanto a lei uno slavo biondissimo, baffetti chiari e capelli rasati sulle orecchie ma foltissimi e riccioluti sulla fronte, si alza dalla panchina vestito di aderentissima tuta in ecopelle nera e sculetta verso il treno, fra le mani una busta di plastica tenuta per le orecchie. Oggi non ho voglia di andare a scuola, lascio scorrere i treni uno dopo l'altro. È bello non partire.

*

Sul binario, frattanto, si forma la consueta folla.

Le studentesse sono smagrite, le labbra e gli angoli degli occhi incurvati verso il basso. Per di più, come detta la moda, portano i capelli lunghi e lisci, attaccati alla faccia. Non sono molto «emo», come si dice adesso, ma più forforose. È grasso, non gel. Per il prossimo sabato sera, invece, saranno ancora magre e tristi, ma con le labbra fluo e milioni di mollettine fosforescenti in testa, le gambette nascoste da lunghi stivali.

Quest'anno gli stivali vanno di gran moda. Alcuni sono così alti, inguinali addirittura, che a camminar per strada sembra di essere in una sfilata di queen lady.

O, per converso, i cappelli di lana, i jeans stretti e lugubri giubbottini di ecopelle consumati regnano sovrani.

Il prossimo treno è il mio, lo devo prendere o farò davvero tardi per la lezione nella scuola della Gatta Cenerentola.

Ormai la scuola elementare di via Salute la chiamo così: le insegnanti sono tutte un grido e una mossa. Ce ne cadiamo di pirchipetole, recchie di rinale e cacatronole, antichi e fantasiosi epiteti rievocati dalle pagine di Roberto De Simone. Non ho voglia di sentirle alluccare, oggi.

Così mi concentro sulla filodiffusione della stazione. Ogni tanto una discreta voce registrata avverte: attenzione ai borseggiatori. Cade fra Čajkovskij che pubblicizza la scuola di danza Mara Fusco, le istruzioni per installare il decoder digitale terrestre e una canzone neomelodica. Un comico napoletano fa una battuta. Una marca di divani. Un nuovo film. E: attenti ai borseggiatori.

*

Insomma, alla fine arrivo alla scuola di via Salute.

Oggi le prof, dopo la sgridata della scorsa settimana perché alluccavano troppo e non si ascoltavano a vicenda, sono tornate a più miti consigli. Hai portato i ceci?, mi chiedono sardoniche. No, ma pensavo che oggi non sarei venuta e che non ve ne sareste accorte. Nooooo, urlano, avete sentito????

Si siedono. Sono tutte felici quando riesce loro l'esercizio sul dialogo, leggono e recitano, si divertono. Alla fine mi affeziono sempre. Anime pezzentelle dell'infernale commedia scolastica, queste almeno sono allegre e fanno casino. La sera, dopo il laboratorio di scrittura, seguono un corso di tammorra. Si scaricano un po'. Volenterosi tizzoni di quest'inferno presepiale che abito, mi sorridono oblique, facce da schiaffi. Che gli vuoi dire?

In Vesuviana, al ritorno, siedo sommersa da un gruppo di studenti delle superiori che sbraitano e scommettono su un gioco di carte a me sconosciuto. Mi guardo nei finestrini sporchi. È caduta l'aura allo scrittore e al poeta, diceva Benjamin. Non saprebbe nemmeno dire quanto, fosse vivo oggi.

Nelle scuole osservo il miracolo dei volti che s'illuminano: gli studenti cui un'improvvisa nuvola fa capire che quel che stiamo dicendo ha a che fare con la loro vita, le insegnanti cui di colpo appaiono in ordine e con un senso nozioni che la loro esperienza scolastica ha buttato alla rinfusa nel bagaglio che trascinano e dimenticano un po' ogni giorno.

Paola, rubiconda, vestita patchwork, abilissima versificatrice, si agita sulla sedia quando parlo della storia in tre atti e di tesi, antitesi e sintesi. Tu sei fatta in tre atti, Paola: nasci, vivi e muori, hai capito? È di te che si racconta qui, oggi. Paola è davvero presa: erano solo ricordi di scuola, mi dice. E si guarda intorno stupita che le sue colleghe non saltellino sulla sedia come lei. No, Paola, che ti aspetti? Sono preoccupate per i consigli d'istituto, per una lite con il marito, per i figli o i nipoti che hanno la suina, forse, per la lasagna delle cognate.

Per tutte loro i pesci di Brodskij o quelli di Jennifer, diversi in un mare di pesci tutti uguali, non guizzeranno, resteranno fermi nei quaderni di un passato senza senso. Cose inutili, da buttare, che puzzano. La vita è un'altra cosa, stanno dicendo con il loro inconsulto movimento, coi loro corpi colitici, con la pressione alta, gli estrogeni, le menopause, le melanconie. E hanno ragione. Vivono in tre atti, ma non se ne accorgono. Hanno paura di vedere. E io, che porto le parole per guardare, sono un fastidio. Così, mi regaleranno un bel mazzo di fiori alla fine, per farsi perdonare, per seppellirmi adeguatamente.

Oggi, nuovo incontro: le maestre sono in ambasce per le deficienze dei bambini e dei genitori.

A quattro anni non sanno togliere e mettere il giubbino, dice una, ho dovuto scrivere sul diario «fare esercitazioni col giubbino». E un'altra: in quarta elementare non sanno allacciarsi le scarpe! Ho chiesto al bambino: ma nessuno ti ha insegnato? Fa sempre mamma, ha risposto. E un altro, invece: mamma compra sempre le scarpe con lo strappo.

E di colpo vedi davanti a te questa folla di mamme in croce, ma anche incapaci, distratte, nevrotiche, insipienti, che lavorano e che vanno così di fretta da fare tutto loro, senza lasciare il tempo ai figli di imparare, perché se fanno loro allora è certo che tutto è fatto bene o almeno fatto. E allora giù ad allacciare scarpe al posto dei figli, così si fa prima, ci si infila in auto e via. Oppure mamme pratiche che nei negozi s'infilano cercando il capo più semplice, più ovvio. E addio tempo dell'apprendimento. In tutto questo vestire e svestire, in questa vita precotta dove i bambini rispondono alla domanda: quante zampe ha un pollo? Otto!, perché nelle vaschette dei surgelati ci sono otto coscette, capita che i bambini non sappiano fare la cacca senza un preciso rituale, quindi impossibile farla a scuola.

Bambini viziati, ma soprattutto incapaci, non allenati. Una maestra, che è stata zitta fino ad ora, capelli color miele, vaporosi, mi guarda angosciata: i miei bambini non comunicano.

Scusa, ma in che classe insegni?, chiedo.

Alla scuola dell'infanzia.

Alla materna? Insomma, all'asilo? E non comunicano? Sì, o urlano tutti insieme o non sanno parlarmi. Non sono abituati a parlare con gli adulti...

La guardo afflitta e inizio a dispensarle qualche consiglio, che però sento poco utile: e allora insisti con le drammatizzazioni, lì si esprimono, no?

Sì, recitare gli piace.

Ecco, e tu continua, vedrai che si sbloccheranno.

Ma poi entrambe, sia io che la maestra, abbiamo davanti agli occhi questo piccolo popolo, elfetti partoriti da donne che avranno più o meno la mia età, ma anche più giovani, lasciati davanti alle tv, preda del pc e dei videogiochi. Non sanno parlare coi «grandi» perché i «grandi» non li vedono mai.

E se la maestra è distratta dal suo problema quotidiano, poverina, io sono già con la mente alla nostra vecchiaia: vecchie col libro sotto il braccio circondate dal piccolo popolo ormai adulto, adulti lenti, sempre meno abili a vivere, incapaci di decisioni.

L'orribile dubbio però mi prende alla gola: non è già questo il presente?

8

Labor limae

Ci sono racconti che nascono in camera iperbarica, sono piccoli e sottopeso, ideuzze buone, ma che l'autore stenticchia a scrivere, cui servono bombole d'ossigeno e alimentazione forzata e allora si sarebbe tentati di lasciarli morire e invece bisogna iniettare loro fiducia, voglia di vivere.

E racconti, invece, sovrabbondanti, caciaroni, parolai, autocompiaciuti, superaggettivati che di colpo s'impongono nella loro confusione e autoreferenzialità.

Questi bisogna metterli a dieta, asciugarli, restringerli, bisogna insegnare all'autore a togliere, a rinunziare. Ma l'autore, nel frattempo, si è affezionato alla storia, alla parola, alle frasi che sembrano contenere il senso della vita. Tutto ciò che piace va tolto, il bel gesto, la frase di maniera, l'azione ovvia: troppo elegante, troppo pulp, troppo minimalista, troppo barocca.

I due movimenti si somigliano, s'incontrano.

Quando in aula i ragazzi scoprono che questo è il famoso labor limae di cui avevano imparato la formula a memoria su internet ci restano male: ma come? Non è già perfetto così quel che ho scritto? Non sono già perfetto così?

Non c'è niente di più difficile oggi che insegnare la fatica del lavoro, anche del lavoro creativo, perché gli studenti sono stati convinti dalla macchina televisiva che non c'è una gran fatica da fare (la fatica vera: quella della sfiducia, della noia), che al massimo ci si fa un piantarello in pubblico e poi tutto passa, il deus ex machina del successo arriva a perdonarti e a salvarti. Niente crescita, niente trasformazione, niente cambiamento, niente studio. E non è colpa solo della tv, perché anche i loro genitori sono convinti che le cose vadano così e anche alcuni loro insegnanti: poiché hanno a che fare con i bambini, ad esempio, le maestre pensano di poter propinare loro testi teatrali senza né capo né coda che parlano scherzosamente del lavoro in classe. Non sanno come si scrive un testo teatrale, non hanno idea di come si scrive una storia, mi chiedono solo «come faccio il colpo di scena», «come faccio il finale». Ma quale colpo di scena, se la scena non c'è? Quale finale, se la storia non c'è?

E poi protestano: ma, insomma, quanti libri che acquistiamo in libreria non hanno né capo né coda? Non hanno una storia? E il sottotitolo a quest'osservazione è: se possono quelli, non possiamo noi? Non siamo anche meglio noi?

Attenzione, questo è IL PENSIERO ITALIANO in questo momento storico: se è così facile, perché io no?

Ragazzi, prof, maestre, spiego: non è facile. State prendendo lucciole per lanterne e prima o poi un lavoro mal fatto si fa scontare. C'è un sapere da apprendere, c'è un lavoro da fare, c'è una disciplina da assumere per scrivere. Non è facile, è difficilissimo.

Così, quando mostro la cosa più ovvia del mondo (per un lettore), cioè che il testo teatrale è diviso in scene e che ogni ingresso di un nuovo personaggio indica il passaggio da una scena all'altra, dunque che occorre separare le unità sceniche, magari anche numerarle, una maestra si ricorda che un suo collega fa così: allora è vero che si doveva fare così, commenta ad alta voce. Eh. Sì che è vero.

Abitiamo un nuovo Medio Evo, senza offesa per il Medio Evo che è stato un periodo storico pieno di coltissimi intellettuali, con precettori abilissimi, con insegnanti privati che si chiamavano Boccaccio e Petrarca, con abati e badesse che hanno fatto la storia del nostro mondo.

E allora precisiamo: abitiamo un mondo che si è arenato nella stupidità collettiva, nell'abbandono di ogni memoria, nella replica indistinta di un finto e ripetitivo sentito dire. Siamo tutti addormentati nel bosco: svegliamoci, please.

9

Nofi

Non è certo più la Nofi di Domenico Rea, Nocera Inferiore, ma forse non è nemmeno del tutto cambiata.

Con le montagne alle spalle, l'agro nocerino che si stende ai lati della linea ferroviaria, la lunga striscia dell'autostrada che taglia i campi, Nocera è un gruppo di antiche masserie inglobato dal cemento. Anche l'agro, ubertoso un tempo, è ora fitto di abitazioni, tanto che se si sale sul valico di Chiunzi come per andare a Ravello, il panorama dall'alto mostra un'unica, indistinta distesa di case che corrono verso il golfo di Napoli. Piero, un amico che abita in cima al valico, a Tramonti, mi racconta che suo padre, prima della guerra, in certe sere vedeva la pianura buia e solo qualche lume nelle case contadine, come pietre preziose nella notte, e il golfo illuminato dalla moltitudine di barche e di lampare uscite nell'oscurità per la pesca. Così, la Nofi bucolica e ancestrale raccontata da Domenico Rea in molti suoi racconti, dove le scoperte della vita erano dolorose e improvvise, venivano a rompere cicli di abitudini antichi come Noè, non esiste più. Qualche traccia resiste però nelle strade che sono le stesse di un tempo, nelle masserie riadattate a case borghesi, nelle aie invase da auto parcheggiate.

L'Istituto Tecnico è al centro del paese. Correzione: Nocera è molto popolosa oggi, posso ancora chiamarla paese? Me lo chiedo mentre entro nell'Istituto, un'ex industria artigianale che ha tutte le forme dell'archeologia agro-industriale: mura di pietra antica, erbe che si arrampicano nei cortili, motorini che abusivamente hanno spodestato mucche, pecore, galline. In quest'istituto fare laboratorio è una sfida. Giuseppe, uno dei più grandi d'età, maggiorenne e in grave ritardo scolastico, scrive una storia esemplare: nessuna invenzione, ci tiene a farmi sapere, solo il racconto delle sue vacanze estive con un gruppo di compagni, in Calabria.

Prufissuré, sapete come si fa a portarsi l'erba senza farsi accorgere dai cani antidroga?

No, Giuseppe, raccontami.

Ci vogliono i barattoli di caffè, i Kimbo, quelli grandi.

Ci metti dentro il caffè – che poi ti serve: vai in vacanza, almeno il caffè te lo vuoi fare, no?

Certo, Giuseppe.

E dentro ci metti avvolta nella plastica l'erba, quella buona però. Così i cani si confondono con il caffè e non sentono la maria.

Ho capito.

E in vacanza cosa avete fatto, poi?

Prufissuré – risata sfaccimma – e ch'evema fà? Amm' fumato maria d' 'a matina 'a sera. Amm' pariato.

E manco un bagno, Giuseppe?

Sì, la sera, quando ci riprendevamo. Troppo bello, prufissuré.

Giuseppe è biondo, normanno, grosso e alto, sfrontato ma fessacchiotto. La sua grafia è stentata, elementare, gli piace disegnare, però. L'italiano non sa cos'è.

Una sua compagna albanese, invece, Alima, scrive nel più bell'idioma fiorentino. E ci racconta la sua fuga dall'Albania, di come una mattina i suoi genitori le hanno detto senza preavviso di fare la valigia, del saluto rapido con i suoi amici, della nave che si staccava dalla terra e dai ricordi. Ora ho tanti amici, scrive, sto bene qui, ma penso sempre, sempre alla mia casa, alla mia scuola, ai miei compagni.

Ho finito questo laboratorio sei anni fa.

Chissà cos'è stato di Giuseppe e Alima.

10

Irpinia d'inverno

Per qualche anno, dal 1997 al 2003, ho tenuto laboratori di scrittura nelle scuole dell'Irpinia.

Sono stata a Nusco, ad Altavilla, ad Atripalda, ad Avellino. Tutto ebbe inizio perché, un pomeriggio d'autunno, una giovane signora avellinese dall'aria alternativa venne a Napoli, nell'associazione dove facevo lezione, e sedette al tavolo di lavoro, fissandomi ironica con in mano una lattina di birra.

Ricordo che mi colpì, perché non è la norma, non al Sud, che una donna beva birra alle cinque del pomeriggio. In più, la giovane signora beveva con la cannuccia, come fosse stata aranciata. Era magra, portava su di sé l'odore, il sapore, le contraddizioni degli anni Settanta che mi avrebbe poi raccontato, con l'adolescenza difficile, i figli fatti troppo presto, un marito compagno di fumo diventato di colpo assente, i figli cresciuti da sola. Si chiamava Maria.

Mi disse: vieni a fare lezione ad Avellino, organizziamo i corsi nel ristorante macrobiotico, al Vallone dei Lupi.

Ma no, dissi, sulle prime, Avellino è lontana, per me è un casino.

No, no, devi venire. E continuava a frequentare i miei corsi a Napoli. Diventammo amiche. Vieni, Antonella, devi venire.

Fanno così i miei studenti: sono andata ad Avellino, a Benevento, a Siderno, in Calabria, perché qualcuno, donne di solito, come Maria, si siede accanto a me e mi guarda con l'occhio perso di desiderio: da noi non succede niente, la cultura è morta, vieni a fare laboratorio da noi. Sono sempre donne che lavorano molto, che si sobbarcano il viaggio fino alle mie lezioni per un anno o due e poi cominciano a chiedermi se posso fare io il viaggio verso di loro. E pur di avermi vicino casa organizzano il corso, coinvolgono persone. Mi dico sempre: dì di no, dì che sei stanca. E poi ci vado. Queste donne mi entrano nella vita, non le posso mandar via. Maria non l'ho più mandata via, è sempre con me, per sempre al mio fianco, anche adesso che è morta. Non l'ho mandata via nemmeno il giorno in cui dalla cannuccia non l'ho più vista bere birra, ma Coca-Cola, perché faceva la chemio e voleva le bollicine, per digerire.

Ci andai in auto, la prima volta, ad Avellino guardandomi intorno sospettosa, perché cercavo i lupi e il vallone dell'indirizzo che Maria m'aveva dato e invece passavamo per strade asfaltate, fra piloni della luce e una rada campagna che circondava case nuove di zecca, le case del dopo terremoto.

La sala del ristorante era deserta, fredda anche se il forno fumava e avevamo i bicchieri di tè bancha da stringere per scaldarci le mani. Mi sentivo a casa.

Maria veniva dal suo negozio, un'attività artigiana dove fabbricava e vendeva collane, orecchini, cinture e borse. Ogni tanto, il sabato, partiva all'alba per la Puglia dove comperava pietre e pelli.

Al principio, vennero al laboratorio otto irriducibili e

scontrose signore avellinesi. Con una, Emilia, una brava scrittrice, siamo poi diventate molto amiche.

Erano sospettose: che ci vuole insegnare 'sta ragazzina di città, 'sta napoletana?

Anche se il laboratorio del sabato ad Avellino non durò a lungo, un paio d'anni, ne vennero tante cose, tante emozioni, liete e tristi, perché i luoghi interni di un paese hanno sempre più storie da raccontare. C'erano rivalità terribili fra i pochi scrittori del territorio, ce n'erano di pazzi e di sani: sono le montagne, ormai me ne sono fatta capace, che rendono tutti malinconici e pazzi, come avevo scoperto leggendo all'università *Casa d'altri* di Silvio D'Arzo. Di questo territorio dell'osso, come raccontava nei suoi libri Emilia, molte abitudini mi sarebbero rimaste estranee e contigue, come le malattie dell'infanzia che, una volta passate, sembrano archiviate e invece le ricordi per sempre: quella volta che presi il morbillo, quella volta che ebbi la rosolia...

Ridevamo moltissimo insieme io e Maria, anche se nella sua vita c'era stato così poco da ridere.

Era naturale che dalle otto signore irriducibili finissi nelle scuole irpine: anche qui Maria mi accompagnava, soprattutto quando bisognava fare tragitti non serviti dai mezzi pubblici o troppo lunghi per essere coperti in tempo reale. Tornava giovane, era felice.

Una volta tenne i laboratori anche lei, le diedi una classe. Era tutta contenta.

Capitò a Nusco, dove arrivare era come affrontare il viaggio degli Argonauti. Dopo l'autobus da Napoli ad Avellino, si percorreva in auto l'Ofantina nuova, quella che De Mita s'era fatto aprire fra le montagne apposta per arrivare prima a casa. L'Ofantina vecchia invece l'avrei fatta tante volte, paese per paese, tanto più bella, tanto più intensa, ma così lunga, così piena di curve. La nuova strada invece passava, e passa, spesso nel nulla, tanto che con Maria facevamo scongiuri di non forare: per essere recuperate, fra i pascoli di Heidi, ci sarebbero volute ore.

La scuola di Nusco era una sintesi architettonico-didattica: materna, elementare, media, superiore, tutte in un unico edificio. I ragazzi crescevano lì cambiando solo di piano e man mano che salivano – come in quel bellissimo racconto di Dino Buzzati, dove in un ospedale i pazienti salgono sempre di piano e tutti sanno dove vanno, verso la morte, l'ultimo piano, ma nessuno lo dice – si avvicinava per loro il momento della scelta. Ricordo con che dolore e preoccupazione scrivevano di dover venire per l'università a Napoli. È così lontana, mi dicevano, e poi chissà che ci troviamo. E se non è Napoli, è Roma.

E che sarà, smitizzavo, oggi io sono venuta da Napoli e più tardi torno a Napoli: non è mica in Papuasia!

Ma non ottenevo alcun effetto, perché erano così abituati a star di casa lì, così raccolti nel loro spazio, che ogni esterno era un pericolo e un limite.

In questa scuola, e nelle altre scuole irpine che frequentavo, gli armadietti non avevano chiavi. Le porte, anche se avevano una serratura, non erano mai chiuse. Mi serve un lettore cd, chiedevo. E il lettore arrivava, senza far domande ai bidelli, richieste alla preside, senza una chiave gelosamente custodita che aprisse porte sottoposte a infinite corvée (chiedi al prof, che poi chiede a un altro prof, che, se non si offende e ha voglia, forse ti apre...)

Un vero miracolo per me, abituata alle classi della costa, dove ogni cosa rischia il furto ed è preda dello strapotere di qualcuno.

Nella classe di Nusco ho ascoltato il più bell'esercizio sul punto di vista, protagonista la rete, finora scritto in un mio laboratorio: il compito era semplice, si trattava di immaginare un circo e di pescare dei punti di vista che avevo scritto su bigliettini di carta, lo stesso che anni dopo avrebbero fatto al rione Luzzatti i nipoti dei clan alla moda. A Marina, un peperino esile e nervoso, capitò, appunto, la rete.

E Marina scrisse di un'impossibile storia d'amore fra la rete e il trapezista. Un amore infelice, non poteva funzionare: il trapezista era innamorato della ballerina. E allora la rete, abituata ad accoglierlo fra le sue braccia con un brivido sensuale, allentava poco alla volta i nodi, sera dopo sera, fino ad abbracciarlo, durante lo spettacolo, per l'ultima volta, appassionatamente, in un tonfo sordo e mortale.

Me ne ricordo sempre quando leggo nei nuovi laboratori quel racconto straordinario di Maupassant, *I gioielli*, che inizia proprio così: «Monsieur Lantin, dopo aver incontrato quella fanciulla ad una festa in casa del suo sottocapufficio, fu avvolto dall'amore come in una rete».

11

Professori (veri) e il cinema, questo sconosciuto

Al Liceo Garibaldi si arriva a piedi dalla Stazione Centrale. Di fronte al Liceo c'è uno dei monumenti più belli, più inquietanti e abbandonati di Napoli, l'Albergo dei Poveri.

Voluto da Maria Carolina d'Austria, moglie di Carlo III, il Borbone più illuminato della storia napoletana, sotto il cui regno fu scavata Pompei, si diede impulso alle arti e al commercio e per qualche anno Napoli ebbe parvenza di felicità, l'Albergo dei Poveri costò cifre inenarrabili senza mai riuscire a essere completato. Maria Carolina, che era sovrana lungimirante, donò i suoi gioielli personali per finire l'opera che le sembrava tanto utile: l'Albergo avrebbe dovuto ospitare i poveri della città, stimati in oltre duecentomila. La fabbrica fu lunga e complessa e quando, benché incompiuta, l'opera fu servibile, i poveri che vi finirono dentro, alloggiati, sfamati, impegnati in lavori di recupero sociale, diremmo noi oggi, stabilirono una loro inquietante sovranità e l'Albergo divenne rifugio di delinquenti, terreno pericoloso di deportati e camorristi, insomma luogo del meglio dell'umanità. Come ogni utopia settecentesca, era partito come una fabbrica di bontà alla Rousseau ed era finito come una gabbia di matti alla de Sade. L'Albergo fu poi abbandonato, durante la Seconda guerra bombardato, e ora, da decenni, si tenta il recupero, stanziando cifre ancora più alte di quelle che ci erano volute ai ben più ricchi Borbone per edificarlo. L'antica, e preziosa, farmacia è visitabile – su appuntamento, ci mancherebbe –, l'ingresso e alcuni corridoi e sale recuperati ospitano gli spettacoli del Festival dei Teatri che Napoli avrà in gestione per un anno o due ancora, il grande cortile costruito secondo dettami esoterici è avvolto nell'odore umido di una campagna popolosa di uccelli che, solitaria, abita nei grandi spazi non restaurati. Volano gli uccelli sull'Albergo dei Poveri, vi ci fanno casa, e di notte, d'estate, mentre noi camminiamo fra i ponteggi e la voce di Calibano suona stridula durante una messa in scena, ci osservano appollaiati sugli alberi, fra i cespugli, nella foresta di città che è il grande Albergo dei Poveri.

Piazza Carlo III è dunque un luogo di confine: passano da qui gli autobus che arrivano dalla provincia e da altre regioni alla Stazione Centrale, il traffico convulso che va verso il cimitero di Poggioreale e l'aeroporto di Capodichino e qui arrivano anche i ragazzi del Liceo Garibaldi, napoletani o dell'immediata periferia, ragazzi che, proprio perché non consumati dalla chiattillagine cittadina (come tradurre questo termine? Il chiattillo è un vacuo borghesotto che perde il suo tempo fra party, droghe leggere o pesanti, camicie con le punte rivolte verso il viso, barche a mare, belle auto, figlio di «professionisti», come si dice, e che spesso frequenta licei della zona bene della città) e ancora convinti che la scuola rappresenti una promozione sociale, che li porterà a un serio lavoro e a un futuro concretamente organizzato. Sono educati, traducono bene, non hanno grilli per la testa, si sarebbe detto un tempo, e sanno propinarmi sottili e tranquille ironie.

Al primo incontro del secondo anno sono trentadue.

Troppi. Però sono tutti curiosi. L'ultimo arrivato, Andrea, entra in classe e non trova posto. La prof lo rimanda a cercarsi banco e sedia e poi gli dice: ma tu non sei in elenco. Ma come prof?, protesta debolmente Andrea. Va bene, va bene, vai. E Andrea esce. Si mette col banco accanto a me, in prima fila. Do a tutti un verso di Neruda come incipit: Nuda sei azzurra come la notte a Cuba. Andrea scrive e alla rilettura non è fra i primi. Poi, chiamato a gran voce dai compagni, esordisce: però, prof, io sono cacaglio.

L'aula scoppia a ridere. Andrea soffre di balbuzie. Va bene, Andrea, non ti preoccupare, leggi come puoi. Andrea è mingherlino, basso, bruno, un po' incurvato. Nuda sei azzurra come la notte a Cuba, scrive, e poi: sono tornato a casa e ho fatto tardi al PON. Nuda sei azzurra come la notte a Cuba e la prof dice pure che non sono nel PON. Nuda sei azzurra come la notte a Cuba, però stamattina ho preso sei e mezzo al compito di greco.

Tutti scoppiamo a ridere. Ha gli occhi buoni ma vispi, di chi si deve difendere tutti i giorni con l'ironia. Poi legge Jennifer, che ha una passione per gli anni Sessanta, perché, scrive, a quei tempi lei avrebbe potuto urlare: Jennifer ha tanta voglia di urlare; e poi Leonardo che oggi, scrive, ha capito che può fare qualcosa nella vita; e poi Martina che ci comunica che «Fidel Castro era capo di Cuba e fumava sempre» e che alla sua compagna, Valeria, «si è spezzata un'unghia e soffre».

Rosa ripensa «al comunismo e a tutti gli scioperi che abbiamo fatto quest'anno», Alessandra ha un rimorso perché vorrebbe tanto «tornare indietro per riparare il danno», Giulia si sente «nuda di allegria e di sentimento» e Giovanna si chiede «se quel che penso di volere è veramente ciò che voglio», mentre Fabiana sa che non sta piangendo, scrive, ma crescendo.

Sono belli, questi ragazzi. E non sono forse più belli dei ragazzi di Ercolano o Bolzano o Frattamaggiore o dell'Irpinia. Il fatto è che qui i professori li vedono belli, le famiglie li amano e di colpo questa cosa si sente. Niente fantasmi, qui, nonostante quel monumento all'impossibilità che è l'Albergo dei Poveri. Sarà che per questi corridoi gira ancora uno dei miei prof del ginnasio, Roberto Andria, che ci rendeva felici con le schede facili sui difficili verbi irregolari greci, le sue battute e la lettura a voce alta a fine giornata, dopo Manzoni, di Paolo Villaggio e che per tutta la vita abbiamo amato, cui siamo e saremo sempre grati.

Lo schermo del pc è grande un settimo del telo di proiezione, ci vuole una vista d'aquila: è oggi una vera vertigine guardare con i liceali del Garibaldi *Vertigo*, ovvero *La donna che visse due volte*.

Nonostante si stia proiettando un film non poi così faticoso o complesso (e se avessimo proiettato Bergman? O Derek Jarman, come capitava a noi, a scuola?) nessuno dei trenta ragazzi riesce a star zitto. Cadono bottiglie di plastica, si esce di continuo a far pipì, in fondo si ride e si chiacchiera, è tutto un: schhh, schhh, fate silenzio, le luci dei cellulari fanno alone sulle pareti della classe, si risponde alla mamma, al fidanzato, all'amica, insomma un inferno.

La concentrazione media, è verificato, non dura ormai più di cinque minuti: il tempo di tre spot pubblicitari. I ragazzi sono così disabituati a star fermi e a farsi catturare da qualcosa – una storia, un'immagine, una fantasia –

che scattano reazioni di ogni genere. Mi secca fare il cane guardiano ma poiché i prof sono impegnati in un contemporaneo consiglio d'istituto, mi tocca. State zitti. Smettetela. Ogni tanto interrompo la proiezione, do una spiegazione, li ammonisco. Glielo dico chiaro e tondo: da un paio d'anni a questa parte ho smesso di andare al cinema negli orari in cui ci sono i vostri coetanei perché non sapete affatto cosa significhi andare al cinema o a teatro. Si sta in silenzio, si assapora lo spettacolo. Non siete a casa vostra davanti alla tv. E, questo lo ometto ma sarebbe importante: anche a casa, se in tv si sta guardando qualcosa che desta vero interesse, si sta zitti. Ma niente da fare, la proiezione riprende e le azioni di disturbo anche. E qui mi dico: non solo la scrittura entra scalza a scuola, ma anche il cinema, anche il teatro e probabilmente anche la musica, quella che prevede un ascolto attento, concentrato, rilassato. Non si rilassano, non ascoltano, non si ascoltano questi ragazzi. E questo perché nessuno glielo ha insegnato. Vuol dire che i genitori di questi trenta futuri diplomati classici non hanno idea che assistere a uno spettacolo preveda attenzione, ovvero che si entri in una dimensione rituale dove avviene, per te spettatore, un miracolo non ripetibile. Potrai rivedere quel film in futuro ma non sarà mai più la prima volta. Mi guardano scocciati, offesi, spaventati dalle possibili ritorsioni che il giorno dopo ricadranno su di loro per il comportamento di oggi, ma davvero non capiscono. È un disturbo del comportamento su larga scala: non essere più capaci di restare fermi sulla stessa azione per più di cinque minuti, cercare un altro stimolo, guardare il cellulare, consultare la posta elettronica, guardare l'ora, fare pipì.

All'inizio della lezione, prima di Hitchcock, si è parlato di Ivan Il'ič e della sua morte. Ma la morte è lontana per noi, mi ha detto una simpatica riccetta. Mio fratello è morto cinque mesi fa, mi ha detto invece, pallidissima, una magrolina dai capelli lisci. Percezioni diverse, ma reazioni simili: di fronte alla morte e alla paura facciamo esorcismi. Anche i piercing, anche il taglio di capelli è un esorcismo. Anche la scrittura. Mi hanno guardato scettici. Ammettere le proprie paure è difficile. Così difficile che niente ci potrà tenere fermi per più di cinque minuti. Anche leggere un libro, vedere un film rischia di portarci in contatto con la più grande e la meno nominata delle nostre paure e con lo scorrere del tempo.

Per questo la proiezione di *Vertigo* si trasforma in un continuo mega applauso durante i baci iperrealisti e romantici di James Stewart e Kim Novak o in un ansito amplificato di finto terrore, tipo Le Iene, quando la musica segna gli eventi drammatici (Kim Novak che si butta nella baia o cade dal campanile) e applausi inverosimili durante i climax.

Quando assisto alla proiezione di un film Disney o Pixar negli orari destinati ai più piccoli so che sarà così, che alla morte del cattivo i bambini (di cinque-dieci anni) applaudiranno: a volte sono tentata di partecipare, anche se già a quell'età dovrebbe essere loro spiegato che si applaude a teatro e non al cinema, a meno che non siano a un festival con il cast in sala. Ma insomma, che c'è di male, sono bambini.

Quando invece assisto in una scuola alla proiezione di un film di Hitchcock dai sedicenni mi aspetterei qualcosa di meglio (anche se è normale che qualcuno in fondo pomici o pensi ad altro: il punto è però che fanno i bambini, mica pomiciano!).

L'obiettivo del laboratorio di quest'anno è tirar fuori

dai trenta spettatori di *Vertigo* un cortometraggio. In cinquanta ore. E siamo già alla dodicesima.

Infine, la classe scrive lettere sulla felicità.

Ho portato loro solo la busta e ho detto: questa volta niente lettere sui fogli, solo buste che contengano la vostra idea di felicità.

«Se penso alla felicità mi torna in mente l'immagine di me e dei miei amici che vomitiamo nel bagno di un parco divertimenti dopo aver fatto innumerevoli giri sulle montagne russe.»

«La felicità è bianca. Proprio come questo foglio.»

«Io sono stata felice quando ho saputo che mia zia era guarita da un tumore, quando ho ricevuto il giradischi da mio nonno, quando ho saputo che gli anni Sessanta sono stati i più intensi, che le persone hanno fatto la storia restando anonime...»

«La felicità è un porto lontano.»

Gli amici, la morte scampata dei parenti, un amore che ci rende noi stessi, la vittoria della squadra del cuore, le piccole cose.

La grammatica della vita, nessuna speciale vertigine, nessuna complicazione. Pure, sembra tutto così difficile.

12

Se avessimo il dono di cantare

Ma alla fine non sarà che non ci sono stelle in cielo perché non le abbiamo negli occhi? Non sarà che giudichiamo troppo male questa scuola, questi ragazzi, questi insegnanti?

Me lo chiedo seduta sulla cattedra di una classe tutta femminile in quello che un tempo si sarebbe chiamato istituto magistrale e ora è un roboante Istituto Socio-Psico-Pedagogico. Di certo hanno stelle negli occhi le ragazze che mi seguono, alcune anche sulle palpebre, tutte lustrini e paillettes. Un paio mentre parlo si rifanno il trucco, la trousse in bella mostra, spostate teatralmente nel banco per prendere la luce migliore sullo specchio, grandi facce da topoline per mettere bene il rimmel (apri l'occhio e spalanca la bocca: prenderà meglio).

Le richiamo, non si ottiene un bel niente. Dopo, però, quando scriviamo d'amore, piangono disperate, si consolano fra loro, si nascondono curve nel banco o esplodono in insensate proteste contro il mondo. Il rimmel cola. Ragazze, ma per chi ve la prendete tanto? Loro!, urlano, loro!

I ragazzi.

Ma dove li trovate?, chiedo, alludendo all'assenza completa di maschi fra gli studenti e nel corpo insegnante (figurarsi...). L'unico maschio che ho visto è il preside.

E qualche bidello. Ci sono!, spiega una biondina, sono dello Scientifico.

E così viene fuori che l'Istituto include una classe di Liceo Scientifico dove, come nel cerchietto nero dello yang nel grande bianco dello yin, stanno raggruppati tutti i maschi della scuola. L'oggetto del desiderio, una rappresentanza dello, per la precisione, si materializza in classe senza bussare. Niente di che, mi sembra, ma le ragazze hanno tre moti distinti: lo sfottò aggressivo, lo sdilinquimento e la timida assenza. Ha solo chiesto se avevate una penna, ragazze. Eh, ma quello... Eravamo così anche noi? Forse, la timida assenza la conosco. Ma di certo non passavamo il tempo a truccarci in classe nel severissimo liceo classico a due passi da qui, stesso quartiere, il Vomero.

Poi, Alessandra, che è la più tosta e anche la più capace di mediare, prende il coraggio a due mani e mi manifesta la sua protesta: senti, qui i rappresentanti di scuola sono tutti maschi. Cioè sono tutti di quella classe di Scientifico?

Sì. Esattamente.

E chi li vota?

Noi!, esplode frustrata Alessandra.

Cioè, siete una massa di femmine – quante? Trecento? Sì, sì!, urla qualcuna – e vi fate rappresentare da venti maschi?

Ma chi se ne frega..., mormorano da un lato, in visibile disaccordo con Alessandra.

Alessandra, rossa in viso, tace.

E tu perché non ti presenti?, le chiedo.

Mi sono presentata.

E altre con te?

Qualcuna. Ma le ragazze votano i ragazzi.

Come ai televoti dei reality show?

So' chiù bellilli, scoppia a ridere una spiritosella.

E, scusatemi, vi sta bene così?

Non c'è risposta, se non nella faccia rossa e infastidita di Alessandra.

Il Vomero è un quartiere di vecchi. Un gigantesco dormitorio commerciale paralizzato dal traffico, invaso dalle compagnie telefoniche e dalle offerte di lancio, dagli outlet e dalle grandi catene d'abbigliamento internazionali, da ogni tipo di rivendita, locale e baretto. O, per meglio dire, così è nella zona pedonale che porta i nomi di un grande musicista e di un pittore svelto a dipingere, Alessandro Scarlatti e Luca Giordano. Fra Castel Sant'Elmo e lo scrigno barocco della Certosa di San Martino e il piccolo polmone verde della Villa Floridiana, al posto degli orti rinomati fino a cent'anni fa, ora sorgono montagne di cemento armato in cui sono cresciute alcune generazioni di vomeresi interessati a crescere, vivere e morire qui, come mi disse un tempo un amico giornalista.

Pare impossibile che in settant'anni il Vomero sia diventato un gigantesco e lugubre quartiere dormitorio, trafficato, puzzolente e ipercementificato. Oggi, al posto delle vigne, delle antiche case, dei panorami in distanza dipinti dai maestri degli ultimi due secoli, innamorati delle prospettive aeree e arcadiche della Napoli di collina, è possibile visitare labirintici condomini, parchi asserragliati sulla collina dove ogni metro quadro è conteso da auto, motociclette e spazi privati, appartamenti abitati dagli idealisti studenti di liceo di un tempo, dai loro nonni, perché tanti sono i vecchi, e da famiglie invischiate ogni giorno in una routine senz'aria, ma affollata di negozi, supermercati e acquisti. Non c'è più un filo d'erba e dei tratturi per asini che un tempo erano l'unico accesso alla collina oggi si sente la mancanza mentre si scalano le strade dedicate ad architetti e pittori (via Domenico Fontana, via Battistello Caracciolo) bestemmiando fra scali di prima e seconda, tossendo e scavandosi la fossa.

Del Vomero oggi si può dire che ci sono scuole, teatri e cinema, che non mancano, come è consueto esprimersi, «tutti i servizi». Manca solo un po' di bellezza. Però, nei parchi condominiali che divorano il quartiere si possono mandare i figli da una palazzina all'altra, per le feste di compleanno, per fare i compiti, per sognare un mondo a misura di Vomero, che con l'antico etimo del vomere per l'agricoltura più nulla ha a che fare. In Villa Floridiana ai primi del 2010 sono, per contrasto, esposte le eleganti masserizie secentesche e settecentesche che si usavano nei rari palazzi della zona e nella città marina: cassettiere di legno intarsiate che illustrano il diluvio universale e che su ogni cassetto immaginano coppie di cervi, farfalle, grifoni, lupi, anatre, leoni, daini, cinghiali, draghi, colombe, aquile, scimmie e dromedari; coltelli d'argento con la lama in forma di spuma marina, reliquiari preziosi, sedie impuntate di pelle fiorata, scacchiere di madreperla, alzatine d'argento, trionfi di corallo e specchiere trapanesi. In una stanza, incantevole, gli allestitori hanno simulato un cofanetto di gioie, una privatissima wunderkammer, il cui tetto si solleva perché due occhi gulliveriani ci osservino mentre spiamo i servizi di tazze e di piatti disposti per le gioie culinarie della nobiltà. Un quadro all'ingresso mostra l'interno di una casa secentesca: grandi tele alle pareti, pochi mobili, un cagnetto accovacciato e una finestra da cui si spia una abbondante e verdescente natura. Da molte case del Vomero un tempo si sarebbe potuto vedere altrettanto, oltre al panorama del golfo. Si stringe lo sguardo a pensare alle vetrinette che le case intorno alla piazza senz'altro conservano, segni di una borghesia resistente, legata agli ori e alle gioie, come nei racconti di Domenico Rea, alle piccole cose, non tutte belle, ereditate dai nonni e dalle zie, alle collezioni ossessive di dischi in vinile, di scadenti o buoni pezzi di Capodimonte, ai servizi di piatti, bicchieri e tazzine, ai portaombrelli con i bastoni da passeggio che non si fanno più, il tutto illuminato da neon, da lampadari di Murano o d'ottone o di design anni Settanta. La televisione è accesa, le medicine, tante, troppe, sul comò, la cucina con gli odori stagnanti del già cotto o con la perfetta asetticità dei detergenti fabbricati nei paesi dell'Est e rivestiti di marca occidentale. Aromi sintetici, modernità uniforme e insieme vecchie stampe, angoli bui, carte da parati che non si possono cambiare, qualche veduta di Napoli com'era, bicchieri d'acqua sempre pieni (come nel capolavoro di Manlio Santanelli, *Regina madre*) per anziane signore avvampate. Nessun rumore e tanta confusione. Dove c'è pace, c'è qualche pensiero che travaglia una famiglia, liti sopite, discorsi mai compiuti, un alone di morte offuscato col Vetril. Pure, si va al cinema, al teatro, a fare spese, come se niente fosse, perché davvero niente poi è. Gli ospedali salubri idealmente immaginati in questa zona negli anni Venti sono un reticolo nascosto più in alto, un dedalo di strade che fingono il verde fra case cubiche di sofferenza. È come se il Vomero si fosse ammalato, non si sa bene di cosa, e in quest'eterna attesa di prognosi sciolta i colori s'incupiscono anche sulle belle e rare case liberty, sui resti di vetrata colorata; e bisogna proprio correre alla Floridiana o scappare alla Certosa di San Martino per riprendere aria, per rialzare il cuore, perché pare impossibile che per cose così futili come il guadagno, la speculazione, la pretesa di avere il balcone o di stare vicino «ai servizi» una città si sia giocata la luce, l'aria pulita, la bellezza, il silenzio.

Di fatto, però, i ragazzi che circolano per le strade sono tanti ma vengono da altri punti del quartiere o da altri quartieri, mentre i vecchi abitano tutti qui. Nell'Istituto Socio-Psico-Pedagogico le insegnanti sono in media molto anziane. È così quasi ovunque in Italia: ci vorrebbero ricambi, ma i pensionamenti ritardati li impediscono e le fratture generazionali aumentano.

Ci si capisce sempre meno, con il passare degli anni.

Ad esempio, quando dico di non mettere i voti ai racconti scritti in libera scrittura, le insegnanti non registrano l'informazione e il senso dell'informazione e mi ritrovo in classe studentesse in lacrime perché le loro vacanze estive o i loro travolgenti innamoramenti hanno preso cinque.

Ma parole e verbi del giovanilese sfuggono anche a me, che pure sono in media un po' più giovane delle prof che incontro.

L'ho appeso, mi scrive Titti, una brunetta, riferendosi a un amico.

Dove?, domando, tra il distratto e l'ingenuo.

E ho una fugace visione (arcaica, è palese) della cornetta del telefono che potrebbe essere stata appesa, di una telefonata interrotta. Del resto in italiano i cappotti si appendono agli appendiabiti, si può restare appesi a una corda, i panni invece si stendono...

Guardo Titti interrogativa.

L'ho appeso..., insiste, l'ho lasciato.

E così scopro che in giovanilese «si appende» il fidanzato o «si appende» l'amica fastidiosa: ce ne si libera, in altre parole.

Antonella, mi dice Titti, si può anche appenderli per telefono.

Lo specifica perché io ridendo ho spiegato la mia confusione veterotestamentaria relativa al telefono con il filo, che esisteva finché sono stata (ormai è un dato di fatto, il passato è passato) giovane. E così Titti cerca di assecondarmi filologicamente.

Cioè vi mettete e vi appendete – ovvero vi fidanzate e lasciate – via cellulare?

Per sms, è la lapidaria risposta.

Benché l'idea di un fidanzamento per via virtuale o, peggio, di una lite conclusiva con mezzi simili mi avvilisca (l'emozione dov'è?, il coinvolgimento fisico?), approfitto e le metto a scrivere: una storia in tre sms, per favore.

Paradossalmente usano sms con le extension, come per i capelli, e così mi ritrovo storie di mezza cartella che però entrano comunque in un sms potenziato.

Titti alza gli occhi smaliziati al soffitto, mentre scrive. Alessandra pensa e sente intensamente la vita. Qualcun'altra si gratta, altre fingono di scrivere e polpastrellano violente sulla tastiera, le dita smaltate che spuntano dai mezzi guanti. Fa freddo e le scuole napoletane non hanno ancora acceso il riscaldamento. Qualcuna sghignazza perché in un romanticissimo testo c'è finito un verbo rubato a un film di cassetta americano dove una squinzia urla a tutto spiano «pisellami, pisellami!»

Ah, se noi avessimo il dono di cantare il pianto e il rancore, la disperazione e l'ostinata speranza, la previsione dell'amarezza e l'impossibile rinuncia all'amore disperso, in mezzo ai disastri del mondo e all'implacabile andare del tempo, scriveva Antonio Delfini.

Ah, se potessi leggere alle ragazzine che appendono e pisellano Antonio Delfini. Già. E chi me lo impedisce? Ragazze, silenzio un momento: domani vi faccio leggere una cosa...

13

Nessuno sa che il cielo è un giardino

Il treno ad alta frequentazione va da Napoli a Frattamaggiore ogni quindici minuti. L'ITC è lontano dalla stazione e di sera fa freddo e c'è poca gente. La donna in calze a rete che aspetta con me sul binario avverte l'umido di aprile trapelare sulle gambe, così esposte, brevi e magre, preannunziate da una gonna troppo corta. Ha la faccia larga, la testa incavata nel collo, è molto truccata. È una donna tutta faccia. Mi fissa accigliata: forse mi conosce o forse io le attraverso la vita come un pensiero vagamente noto. Distolgo lo sguardo e cerco il tabellone degli orari per capire con quanto ritardo partiremo. Quindici minuti. Quando la incrocio di nuovo con gli occhi mi fissa come se non vedesse bene.

Lei va a Napoli?, mi chiede.

Sì. Sono imbarazzata. Vorrà attaccare discorso. Vorrei sottrarmi ma, mi conosco, non mi allontano. All'arrivo del treno mi segue, incollata. Mi siede accanto.

Ha paura?, le chiedo. Sono quasi le nove di sera, siamo le sole donne sul treno mezzo vuoto.

No, ma è parecchio che non lo prendo. Mi fissa con la sua grande faccia truccata, come una civetta greca, come una maschera giapponese, come lo Stregatto.

Annuisco, apro il quaderno e scrivo queste righe mentre lei mi è accanto e non se ne accorge.

*

Al mattino nel treno a bipiani, come il dormitorio africano di Ponticelli, chiamato appunto i Bipiani, i pendolari neri dormono, i cinesi sembrano caduti in trance, le signore russe o ucraine o polacche chiacchierano ininterrotte, le coppie filippine o cingalesi conversano con parenti lontani e amici vicini in una cantilena che somiglia al chioccolio dell'acqua in una tazza di ceramica, allo scroscio modesto e continuo delle vecchie pompe manuali da giardino. Assisto a una meravigliosa conversazione fra muti: una piccola colonia in viaggio, che nel rumore assordante parla fitto ma senza suoni, solo a gesti. Frattamaggiore ha una stazione primaverile, vagamente liberty, seppellita di erbacce e oleandri.

Ci si incontrano geometri, studentesse, precari che lavorano nei centri commerciali, prof che si spostano dalla città alla provincia e viceversa, donne con le buste della verdura. Un po' campagna, un po' centro inurbato e consumato, a Frattamaggiore vado spesso al Liceo ma sono andata circa otto anni fa in un ITC per il recupero di ragazzi DROP, insomma per fare laboratorio con studenti che avevano già abbandonato lo studio e che il progetto sperava di recuperare. Ero la meno truccata: le dodicenni che stiravano, facevano la vita o avevano altri lavori al nero erano decisamente più evidenti di me, più vecchia di oltre vent'anni.

I maschi avevano la moto, partecipavano con aria sfastidiata. Erano impiegati nelle fabbriche di scarpe della zona, famose perché le grandi firme italiane si fanno cucire qui i pezzi, ed erano convinti che tutto fosse una perdita di tempo. Molti erano lì perché la prof, una signora con la voce melanconica e romantiche occhiaie scure intorno agli occhi color nocciola, era tenera con loro. Aveva la erre francese che s'incrociava, come spesso accade, con la cadenza napoletana e chiedeva ai ragazzi di essere pazienti, di stare un altro po', di scrivere ancora un po'. Durante una lezione parlavo di favole e dissi, non ricordo più a proposito di cosa: come in Cenerentola, avete presente? La classe rimase in uno sconcertante silenzio.

Cenerentola, insistei, quella della scarpetta, quella delle sorellastre... Mi guardai intorno perplessa. I ragazzi mi restituirono uno sguardo vacuo.

Non avete mai sentito questa favola?

Nessuno ce le racconta, fu la risposta.

E non avete mai visto il film di Walt Disney?

No, mai.

Il picco più basso in tutti questi anni di scrittrice in trasferta come esperto esterno l'ho provato qui, quando non è che parlassi di Calvino o di Maupassant, di Flaubert o di Cervantes, ma mi limitavo a citare Cenerentola. C'è sempre un momento, in ogni laboratorio, anche con gli adulti, in cui mi accorgo di essere andata spedita su citazioni che mi sembrano abbastanza ovvie e invece è il caso che mi fermi, perché anche i classici più consumati non sono stati letti dai miei ascoltatori. Ma, certo, le favole le conoscono tutti. O così, beatamente, credevo.

In *Registro di classe* Sandro Onofri scriveva, nel 1998, che gli sembrava inconcepibile insegnare in una classe in cui solo uno aveva letto Pinocchio. Badate: letto.

Il libro di Collodi. Tutto. Non si trattava di aver visto il film di Walt Disney.

Interruppi il discorso e mi sedetti a raccontare la favola.

E i ragazzini, le stiratrici, la manovalanza della camorra, le commesse al nero, le piccole mantenute, tutti stavano a sentire e si vedeva dagli occhi che era proprio la prima volta che sentivano quella vecchissima, consumata storia.

E nessuno alla fine mi disse: ah sì, mi sono ricordato.

Non la conoscevano e basta.

Ed erano contenti. E curiosi.

Alla fine del laboratorio di scrittura su quindici partecipanti due tornarono a scuola, mi fece sapere la prof dall'occhio cerchiato e romantico.

Li abbiamo *v*ecupe*v*ati, mi disse.

Ma non c'era abbastanza sorriso nel tono, non ci bastava averne riportati a scuola due. Ancora non ci potevo credere che in Italia, nel 2002, esistessero ragazzini del tutto ignari di Cenerentola.

«Nessuno sa che il cielo è un giardino. La luna è una rosa senza petali. Credo che il primo sapore sia stato l'amore per mia sorella, so che non può svanire. La morte riaffaccia a contare le anime da portar via. Per il momento non abbiamo spiccato il volo. E quando il caso ci avvolge con il suo dolce vortice, sembra volerci tenere sempre uniti. Eravamo due angeli e ci divertivamo solo a guardarci negli occhi. Ho stretto la mano della mia amichetta Imma. Con un po' di ritardo la primavera ha bussato alla mia porta. Tutto è buio e ho paura. Comandare è bello e triste. La mamma dice che tra qualche giorno tutto finirà, ma lo sta ripetendo da non so quanti giorni. Anche di notte sento spari e gente urlare.

Ho sempre avuto l'impressione che i denti caduti portassero sfiga. Nella vita ci sono persone che parlano troppo, altre che parlano troppo poco. Piango perché non piango.

Ho aspettato questo calduccio durante tutto l'inverno, adesso finalmente si può uscire. Mi hanno lasciata qui, su questo calmo manto azzurro, in questa calda domenica di primavera. È un bel pezzo che mentre gioco scruto con attenzione quella signora con l'ombrellino nero.

Quando mi sorridi sento il cuore battere più forte.

Si guardò intorno come se vedesse per la prima volta il mondo. Io sono amica di tutti, sono gentile e socievole, o almeno credo di esserlo. Quanto tempo è ormai passato da quando sono entrata in una chiesa. Tutte le stagioni in una scatola. E se dalla neve si formasse da solo un pupazzo?»

Ogni tanto posso essere come uno degli angeli de *Il cielo sopra Berlino*: quelli che avete appena finito di leggere sono frammenti pescati a casaccio fra gli esercizi raccolti in due licei, a Frattamaggiore e a Eboli, nello stesso anno scolastico. I testi completi le rispettive scuole li hanno stampati in quaderni ad uso interno e io conservo le copie e rivedo le persone. Ora che li leggo, a distanza di tempo, rientro nel rombo dei pensieri che mi hanno circondato: accade lo stesso durante la seduta di laboratorio, quando, dopo aver scritto, i gruppi leggono ad alta voce.

E lo sforzo di ascoltare ogni singolo esercizio per dare indicazioni specifiche a ognuno si confonde con l'inevitabile suggestione del pensierare (ah, verbo tondelliano!) collettivo.

Chissà se i ragazzi si rileggono dopo tutti questi anni. Chissà cosa pensano dei loro antichi esercizi.

Di tutti gli esercizi ritrovo quello di Savio, Liceo di Frattamaggiore, tutor il mio amico prof Claudio Finelli, che quattro anni fa scriveva:

«Che mai sarà?, mi chiesi quando sentii parlare per la prima volta di scrittura creativa. Il mio professore provò a spiegarmelo. 'Serve a imparare le tecniche di scrittura', ma allora non scrivevo più di tanto; i miei diari non duravano che una settimana e avevo nel cassetto i soliti due manoscritti incompleti.

«Eravamo una ventina quel pomeriggio: un paio di veterani che frequentavano dall'anno precedente, un paio di facce note e poi io.

«'Scrivere senza pensare', questo fu il primo comandamento: non ci riuscii, quel che scrivevo era così razionale da sembrare irrazionale, con uno *scendea* che poco ci azzeccava con il resto della pagina. La scuola aveva fatto fin troppo bene il suo lavoro, non trovavo sentimento o emozioni. Tornai, per curiosità, e fu un'illuminazione improvvisa: le storie uscivano da sole dal palmo della mia mano, cerchi che si chiudevano senza compasso. Scoprii che amavo scrivere. Tutti i giorni avevo una nuova storia da raccontare: dalle battute sullo scuolabus, ai racconti inventati, vissuti o visti vivere. Devo scrivere perché ogni rigo è un rigo che analizza me, il mondo che mi circonda e le persone che vedo o che invento. La mia vita è cambiata, perché ho scoperto i sentimenti che l'uomo ha imparato a portare nel suo cuore, li ho capiti e fatti miei, che siano d'odio o d'amore».

14

Servirà?

L'alba del 2010 è buia. Sarà la crisi, i terremoti, la diffusa incertezza, fatto sta che la fine dei PON è in arrivo come il 2012 dei popoli dello Yucatan, Voyager su Rai 2 e i filmoni catastrofici sulla fine del mondo al cinema. E così le scuole impazziscono: nelle segreterie spariscono i progetti, le insegnanti in delirio ti chiamano al telefono il giorno di Natale e anche quello di Capodanno, perché di una cosa bisogna essere certi: gli insegnanti in delirio non si accorgono che il resto del mondo va a un'altra velocità, non ci pensano nemmeno e così si stupiscono che tu non sia in ansia e in ambasce come loro, non immaginano che forse ti secchi ricevere telefonate extra auguri mentre sforni la spigola del cenone. Mamme in ansia, donne in trance, le insegnanti procedono come treni, alla rincorsa del direttore amministrativo, degli studenti che le osservano storditi e stupiti, aprono e chiudono porte, compilano disastrose pile di fallimentari documentazioni burocratiche, ti inseguono per un curriculum, per una domanda, per la fotocopia di un documento d'identità. Tutto è in scadenza, ci sono brogli, ognuno deve piazzare la figlia neolaureata, la parente, la conoscente. C'è una precisa ragione per cui ci sono fra gli insegnanti più donne che uomini: le donne sono cardio-protette dagli ormoni, pare. Altrimenti infarterebbero tutte, subito. Dicono così i ragazzi: non ti infartare.

Neologismo neomedicale che è vero indice della fortuna dei medical drama negli ultimi trent'anni.

E mentre le prof cercano di non infartare ma intanto infartano me, eccoci all'alba di questo nuovo decennio che segnerà la fine dei contributi europei, mentre fischia la gara dei PON e tutti ti chiamano per avere l'esperto migliore e poi nella gara mai limpida passano avanti altre prof, altri pseudoesperti, altri mille e non meglio identificati questuanti. E non importa se scrivi libri per professione, se sei uno scrittore, perché in questo paese di pesci tutti uguali, come scriverebbe la Jennifer del Liceo Garibaldi, basta aver stampato un libretto a proprie spese o pubblicato esercizi di latino per qualche misconosciuto libraio locale per essere «scrittori».

Vaglielo a spiegare, poi, ai ragazzi che ti guardano con faccia da pesce qualsiasi autore gli nomini, da Primo Levi a Beppe Fenoglio, da Elsa Morante a Strindberg, che lo scrittore, la scrittrice, sono altro. Disciplina, vocazione, parole passate di moda. Del resto, anche gli insegnanti meno infartati, ti inseguono disperati perché vogliono il prodotto. Facciamo il libretto dei ragazzi, facciamo il cortometraggio, facciamo il romanzo collettivo. E se frenassimo tutti? E se guardassimo un istante solo al fatto che qui, in queste classi, non hanno nemmeno idea del perché gli stiamo facendo fare tante cose? E se invece di fare ci occupassimo di capire?

No, no, impossibile. In una scuola di Acerra, ultimo confine del vivibile o del vissuto dell'hinterland napoletano, la prof che mi contatta è convinta che nel suo liceo esista una tale «eccellenza» che i ragazzi possono da un momento all'altro sfornare il nuovo *Don Chisciotte*, ma che dico?, la nuova *Ricerca del tempo perduto*. E così, con gli stessi fondi per fare un percorso di base, necessario, si vuole fare anche: un romanzo, una raccolta di racconti, uno spettacolo, scritto dai ragazzi e da loro messo in scena, e magari anche un ipertesto. E perché non li mandiamo anche sulla luna?, chiedo.

Non c'è risposta. Spedisco ad Acerra alcune delle mie allieve di laboratorio: la prima è una scrittrice già nota, vincitrice del Premio Calvino, che torna da me con le mani nei capelli; la seconda è una ricercatrice universitaria molto dotata, che mi implora con gli occhi di non sacrificarla.

Coraggio, dico loro, coraggio: è così, bisogna avere pazienza. Ma sono pazzi!, ripetono entrambe da telefoni diversi in diversi momenti dell'anno. Lo so, lo so..., ripeto paziente. Eppure mi chiedo: servirà? Tutto questo sforzo, questa pazienza, questo continuo essere umiliati nei propri valori, nel proprio uso sociale, servirà?

Vado a Vibo Valentia pochi giorni dopo i fatti di Rosarno. Grande fermento sociale, mi dicono, la gente s'interroga. Un paio di giovanissimi ricercatori hanno messo su un dibattito nella locale biblioteca. Il tema, scopro un po' tardi, sono già quasi sul treno, è l'impegno sociale. L'impegno degli scrittori del Sud.

La cosa inizia male e procede peggio. Un po' perché un'amica destinata a presentarmi elenca fantozzianamente le cose che non le piacciono dei miei racconti senza nemmeno dire al pubblico, ignaro, i titoli di quel che ho scritto. Un po' perché i relatori, intrisi di una cultura rispettabile ma ormai libresca, fatta di impegno alla Carlo Levi, alla Franco Fortini, alla Vittorini, chiedono ripetutamente agli scrittori se ci si può fidare di loro e cosa fanno per testimoniare il male di vivere di una società. Si alzano professori in pensione cresciuti in Calabria nelle sezioni del PCI e mi accusano («lei, scrittrice...», non ho neanche nome, alle donne in Calabria non spetta) di essere poco impegnata. Domando perplessa al pubblico: ma perché chiedete agli scrittori di fare quel che voi non fate? Forse che la società civile è fatta solo di scrittori?

Un signore, cortese, dal pubblico domanda: perché voi scrittori non andate in tv?

E come ci andiamo?, ribatto, Lo sa che i palinsesti ospitano solo scrittori che vendono più di venti o trentamila copie?

Dall'altro lato della sala il prof in pensione romanticamente comunista mi ammonisce: l'arte è didattica, pensi a Dante...

Ci penso, ci penso. Penso anche a Čechov che diceva: la letteratura ha il compito di porre domande, non di dare risposte. Provo a spiegare che insegnare scrittura al Sud Italia da diciassette anni è una forma di impegno. Che andare in giro per scuole a formare insegnanti e studenti è forse l'unica vera cosa che seminerà un minimo di cambiamento nelle teste future (e non è detto). Che organizzare a mie spese incontri con gli scrittori a Napoli mentre gli enti pubblici si beano dei grandi eventi è una forma di impegno.

Certo, non fa lo share di Fabio Fazio.

Il cortese signore del pubblico insiste: forse voi scrittori dovreste piantarla con la letteratura e passare alla tv.

Il giorno dopo di Rosarno sui giornali e in televisione già non si parla più. I ricercatori che mi hanno invitato se ne sono tornati a Roma, alla ricerca del loro futuro, e la serata a Vibo Valentia è solo un poco felice ricordo. Meglio tornare nelle scuole, sul vero fronte della battaglia, fra le infartate. Chissà che qualcuno, magari per sbaglio, non si salvi.

15

Non sono un personaggio

Mi capita di doverlo spiegare spesso, nelle scuole.

Mi chiedono: ma vendi tanto? Ma vai in televisione? E quello che scrivi è autobiografico?

Queste sono le tre formule del presente, per le quali nessuna responsabilità è imputabile ai ragazzi: gliele mostriamo di continuo come percorsi obbligati verso la vita. Hai successo, sei un personaggio, hai fatto i soldi. Il massimo picco di performance, la corsa verso il nulla, attese altissime, nessuna scala da salire per raggiungerle, solo l'improbabile miracolo del volo. Tutti Icaro, nessun Dedalo. Eppure, si sa benissimo che fine fa il povero Icaro, ma sembrerebbe che bruciarsi accanto al sole sia un'aspirazione positiva.

La nostra società è specialista in soli artificiali: lampade abbronzanti, centrali nucleari, spot televisivi, lampi fotografici. Tutti soli con molte controindicazioni, eppure, come falene attorno alla lampada, niente interrompe il volo collettivo verso il rogo.

I modelli che introiettiamo scavano fosse profonde: ad esempio, Capua, provincia di Caserta, Liceo Classico. Capua dalle antiche porte e dalle magnifiche chiese guarda con sufficienza alla vicina e proletaria Caserta: qui la Storia è stata grande, come minimo ci ha oziato Annibale. Discutiamo in un'aula magna di libri e d'amore. D'improvviso, poiché i prof latitano e confessano di non aver affatto letto i romanzi di cui parliamo, le ragazzine operano un colpo di mano, spazzano via ogni discorso letterario, si dividono in due coorti armate di microfono e iniziano a discutere ferocemente. Siamo a *Uomini e Donne*. Lo schema è identico. Dopo qualche minuto, scendo dal palco e mi siedo fra il pubblico. Cerco faticosamente di coordinarle. È tardi per porre rimedio: sono Maria De Filippi.

Oppure: Castellammare di Stabia, liceo scientifico.

La scuola, dove ho formato gli insegnanti per alcuni anni e c'è un clima affettuoso e amicale, mi accoglie con la riduzione di un mio romanzo a spettacolino televisivo, con tanto di scosciato balletto d'apertura, la riproduzione di un salotto da talk show, i personaggi intervistati come attori di un film in uscita e scampoli del libro, a casaccio, ridotti a filmino amatoriale.

Li guardo sorpresa: tutto qui?, mi verrebbe da chiedere. Gli insegnanti, imbarazzati ma complici, li giustificano: «Con il poco tempo che avevamo...» e «In fondo, sono giovani...».

E ancora, l'esempio più tenero: Napoli, presentazione alla Fnac di un nuovo romanzo. Una classetta di Scampia, ragazzi di cui si dice sempre male per colpa del quartiere in cui sono nati, assiste per la prima volta a un evento librario dal vivo, accompagnati dalla loro prof. Sono poco più che bambini, faccette tranquille, silenziosi, educati. Magari si annoieranno, penso preoccupata, e mi dispongo a parlare chiaro e vivace per non perdermi i quindici potenziali lettori. Ma non sono preparata a quel che segue: appena si accendono i microfoni e prendo la parola, una quindicina di manine si alzano con il cellulare acceso, lucetta rossa per la ripresa. Il libro nell'epoca della filmabilità.

Potrei chiedere perché, ma è superfluo: essere ripresi e riprendere è la testimonianza certa di esserci stati. L'unica traccia dell'esistente. Non il parlarne, né ricordare: fare il film, come se si fosse a un concerto e si volesse conservare la performance del rocker di turno.

E così, è bene che io mi ripeta: ragazzi, mi dispiace, non sono un personaggio.

Certo, quel poco che sanno della scrittura professionale, quel poco che veicola la televisione, fa credere loro che ormai per essere pubblicati si passi un casting come all'*Isola dei Famosi*. Sei interessante? Sai parlare in pubblico? Sei un attore/attrice? Sei strano/a? Balbetti, trasgredisci, porti le giarrettiere, sei sexy? Hai la faccia giusta, incuriosisci, puoi andare in tv, hai i denti a posto? E non è del tutto falso: manca poco al *Grande Fratello* degli scrittori, in questo spaventoso vuoto pneumatico della progettualità culturale. In tv, del resto, non si leggono i libri ma si guardano le facce degli scrittori, i vestiti che indossano, sempre che arrivino alla tv scrittori e non attori, calciatori, politici e presenzialisti travestiti da scrittori.

Non si vuol mai sapere quanto lavoro poco eroico, quanta fatica su di sé si deve fare per scrivere un libro vero. Poiché il risultato finale appare al lettore ingenuo come una scintillante vetrinetta valutabile per la sua consumabilità – ecco il nuovo autore della casa editrice Tal dei Tali: belle foto, sorriso accattivante, intervista vacua e promessa di disimpegno nella lettura, uguale: acquistabile – anche nelle scuole il libro reclama la sua parte di glamour e impalpabilità.

Mi telefona una libraia di Nola che conosco: ciao Antonella, quanto è lungo il tuo ultimo libro?

Rosa, domando sospettosa, perché me lo chiedi? Perché devo proporlo nelle scuole e non vogliono leggere libri troppo lunghi.

Sospiro.

Rosa, non contenta, incalza: eh, ma, a me lo puoi dire, è 'nu poco pesante, è vero?

Doppio sospiro: è un libro, Rosa, prevede lettori e, sì, può risultare impegnativo.

Ormai mi sono piegata a questa definizione: impegnativo. Perché se c'è una cosa che in Italia ha vinto è il gergo della scuola: intelligente ma non s'impegna, facciamo un test d'ingresso, analizziamo le sequenze...

Inutile dire che per molti editori la misura del mondo letterario non è poi così diversa: un libro si stampa, a ragion veduta, anche in base al numero di pagine e a quanto costerà. Se un qualsiasi insegnante o studente avesse la più pallida idea di quali difficoltà rappresenti in questo momento storico scrivere, ovvero rappresentare la propria personale verità attraverso il verosimile e l'invenzione, probabilmente rinunzierebbe ad antologie, letterature, mappe concettuali. In fondo, un'antologia è pur sempre un modo per avvertire il dolore della scrittura parcellizzato, così che la vita vista con gli occhi dell'arte sia meno emozionante, spaventosa, dolorosa, faticosa. C'è già la realtà che è così dura da digerire. Tutta questa verità: ma a chi può mai importare?

I ragazzi ascoltano, attenti. Ma alla fine di questo bel discorsetto mi chiedono lo stesso: prof, ma coi libri tu ci guadagni?

16

Correre il rischio

I ragazzi nei laboratori delle scuole sono geni dell'incipit:

«Premessa. Nacqui in quel lontano 13 aprile del 1985 (non vidi nemmeno l'Italia vincere i mondiali)», Rosa da Eboli.

«Quando il mio biscotto è cotto/me lo mangio in quattro e quattr'otto», Giuliana da Bolzano.

«Il rosso tappeto che copriva il viale era spento come la passione, in quel momento», Biagio da Frattamaggiore.

«In un caldo giorno d'estate mentre tornavo dal mare in motorino, ai confini del mio paese in una stradicciola di campagna bucai una ruota e accostai», Marino da Nocera.

Poi, come tutti, hanno qualche problema nel proseguire: le storie zoppicano, diventano banali, ma gli avvii... Gli avvii, quando ci sono, sono deflagranti.

Un po' perché tutti vorremmo nella vita restare fermi all'incipit: quando scriviamo perché ci viene bene, nell'amore perché la passione degli inizi non sa nulla delle ceneri che verranno, nel tempo, perché essere giovani non può nascondere quel gran bidone che è invecchiare e poi morire.

Così, mi accorgo sempre di più, anno dopo anno, che fare un corso di scrittura a scuola rappresenta una vera iniziazione all'esistenza: si impara come condurre una storia, come gestire i personaggi, come far accadere ciò che, da principio, non accadeva. E mi accorgo di rivivere con i miei studenti il percorso che io stessa ho dovuto attraversare da quando ero bambina a oggi. Ma chi pratica un'arte, fosse solo quella di costruire il presepe a Natale (mica poco), sa che quando sarà davvero padrone dello strumento sarà anche vecchio. E non si può non rammaricarsi di aver mancato di certa bravura quando si era più giovani, più forti. Pure, il percorso consiste in questo: migliorare invecchiando, come il vino.

Allo stesso modo i ragazzi che riescono a finire le storie passano oltre, in un mondo che magari farà a meno della scrittura, in una vita dove resteranno lettori ma ne sapranno qualcosa di più in genere su come vanno i fatti della vita. Altri preferiscono non imparare, restare giovani. A volte non so dar loro del tutto torto, anche se le scorciatoie o le lunghe perifrasi portano, comunque, tutte allo stesso traguardo.

Insomma, bisogna imparare a correre il rischio.

Se i libri sono manifestazioni dei nostri incubi, delle nostre malattie, proiezioni salvifiche o meno della nostra ombra, allora, almeno per me, alcuni dei libri che ho scritto sono come infiammazioni, luoghi di riacutizzazione che proietto all'esterno. Sarà che, per alcuni anni, ho lavorato attorno a una struttura narrativa che faticavo a mettere a fuoco e che in certi giorni mi appariva limpida come un lago e in altri rispecchiava le mie agitazioni, le mie inquietudini.

Il romanzo può somigliare a un'operazione di spurgo, come scrivere in una stazione termale, fra anziani ex atleti che si massaggiano la pancia, coppie trappane di sagliuti, la neoborghesia napoletana che nelle terme entra con l'iPod e il cellulare acceso, facendo casino in dialetto e fregandosene dell'obbligo al silenzio, immersi nell'acqua calda e avvolti nelle esalazioni muffose che vengono dalla sauna.

La memoria parla chiaro: ogni volta si ha la sensazione di aver perso la visione d'insieme, ogni volta si crede di aver fatto il più grosso errore della propria vita, ogni volta si desidera buttare tutto e lasciar perdere. Sensazioni comuni a scrittori di ogni tempo, taciute solo da chi preferisce vantare un'inaffondabile sicurezza, alimentare un mito. Per contrario, ogni scrittore e ogni scrittrice si gettano nella mischia con il loro ultimo nato a dispetto di queste sensazioni e lo difendono a spada tratta, cercando di non esaltarne i difetti ma solo i pregi, come del resto fa ogni genitore con i propri figli. Ma non bisognerebbe, a volte mi chiedo, essere più cattivi con i propri libri piuttosto che con i propri figli?

I ragazzi non sono diversi dagli adulti, in questo: cercano di difendere la loro storia finché è possibile, anche se è traballante, fino a quando non si accorgono che proprio la coerenza non regge, che proprio somiglia a una storia già scritta.

Un romanzo è un rischio, come scrive Raffaele La Capria in *Letteratura e salti mortali* paragonando la scrittura ai tuffi, che più sono difficili più espongono il tuffatore al fallimento o addirittura alla morte.

E chi non si prende rischi scrive tranquilli romanzi di mantenimento, cosa che per altro, se si ha fortuna, porta avanti la casa e ci lascia vivere più tranquilli.

I ragazzi nelle scuole pensano spesso al romanziere come a uno di questi buoni amministratori della parola stampata, pensano che essere scrittore sia uno status raggiunto. Ma se smettiamo di rischiare qual è il senso di scrivere? Si può rischiare l'infamia di chi si sente offeso da ciò che si è scritto, la svalutazione di chi ti aspetta al varco contando il numero di copie e che si finge amico battendoti la mano sulla spalla, il rifiuto di chi legge in serie e non si accorge nemmeno più del rischio letterario, preso com'è dal rischio economico. Rischi comuni, contemperati ogni volta dall'esistenza di persone che ci incoraggiano, che credono in quel che facciamo, che ci spingono a continuare, non ultimi noi stessi, senza i quali si fa davvero poco.

I romanzi ci espongono a noi stessi: posso riconoscere con me stessa che a volte le cose funzionano anche con meccanismi diversi dal consueto, che può succedere qualcosa di nuovo e che ogni rischio implica il fallimento? Sì, credo che potrò ed è quel che occorre ripetere ai ragazzi.

La scrittura è responsabilità personale. E non è detto poi che chi ti legge non decreti una riuscita, una comprensione. Occorre innestare la molla inesauribile che ci porta sulla pagina e che ogni mattino ci fa svegliare con in testa un personaggio, un'immagine, un sogno o ci spinge a osservare per strada le persone perché dietro di loro si nasconde un mistero: questo è l'impulso narrativo che ci rende vivi. A volte mi dico che starò davvero per morire solo il giorno in cui questa stimolazione – più forte delle malattie e dei dolori, più attiva della noia – finirà. Solo allora mi scioglierò nel tutto e ridiventerò.

18

(niente capitolo 17, siamo superstiziosi) *Under the Bridge*

Meta di quest'oggi: corso di formazione per insegnanti in una scuola media a Trentola-Dugenta, Aversa, Terra di Lavoro, due passi da Casal di Principe. Doppia metropolitana da Napoli fino ad Aversa Ippodromo. La prima parte della metro – tutta nuova, Era Bassolino – è zeppa di persone: da piazza Vanvitelli, pieno Vomero commerciale, Zara e Promod, negozi carini e cartolerie fighette per i rampolli della media borghesia napoletana, arrivo a Piscinola, ovvero Secondigliano, ovvero Scampia. La metro è tutta sotterranea, salvo un tratto, verso il Frullone, che è anche sito ospedaliero per le patologie mentali. Andare al Frullone a Napoli, anche per una ragione squisitamente onomatopeica, significa uscire pazzi. In questo tratto, nelle belle giornate, si vede la valle dietro Capodimonte, ubertosa e salubre in altri secoli, oggi infinitamente costruita fino a costituire un reticolo iperurbanizzato che include Giugliano, Qualiano, Marano. La campagna, qui, non è più. Morì. Insieme ai condomini, alle discariche e alle strade. Qui tutto è privo di centro e gli assi stradali sono linee che tagliano piani inesistenti nella geometria umana, forse con un senso nei disegni criminali di chi ha progettato (parola grossa) l'urbanizzazione di questi siti. La fermata di Piscinola, tuttavia, è solo un transito verso Marano, Giugliano, Melito (dove ancora non si scende, la fermata è solo progettata e messa tra parentesi, l'attraversiamo concettualmente) e Aversa, Ippodromo e Centro.

I colori caldi, le scale mobili ben funzionanti, un continuo controllo, il servizio di pulizia superefficiente: la nuova metropolitana è uno splendore e la fermata di Piscinola una delle meglio servite al suo interno. Intorno c'è un silenzio di guerra, con un orecchio più attento si ascolterebbe ancora la banale e persino idillica sonorità campestre che precedeva le vele e gli sbagli degli ultimi decenni.

L'altro tratto di metropolitana, dunque, quello verso Aversa, è meno frequentato. In certi orari i pendolari sono numerosi, ma finita l'ora di punta si resta soli: soli con le guardie nei gabbiotti che mi dicono di scendere, a guardare gli schermi a cristalli liquidi che un po' funzionano e un po' no. Fa una strana pernacchia a trombetta il treno, quando arriva. Si ferma e pare di salire sulle giostre della nostra infanzia, trenini per andare nella terra dei cowboy in Edenlandia.

La guida del treno è scostante: un po' frena, un po' accelera, come se chi guida fosse fresco patentato. Poi, dalle strisce gialle e verdi, arancio e viola, dall'informal-pop che tutto avvolge nel design sotterraneo, eccomi su uno degli stradoni di Aversa. Ad Aversa Ippodromo sarà la suggestione, ma sento odore di cacca di cavallo. E comunque non ce n'è traccia, di cavalli. Solo auto che sfrecciano, un concessionario Mazda, bar e negozi senza passeggio. Arriva l'auto con le prof che devono portarmi a Trentola. Mentre ci addentriamo per strade senza alcuna caratteristica riconoscibile, salvo l'assenza di piani regolatori e monumenti o riferimenti (ogni tanto, infatti, le prof si chiedono se la strada è giusta, come un rito, fra loro, senza impegno), capisco che: 1) non sanno chi sono e perché sto lì; 2) di conseguenza non hanno la più pallida idea di che corso terrò. E, 3) una delle due prof è niente di meno che la tutor del mio corso. Cerchiamo di fare conversazione. Credono che io venga da Roma, chissà perché. Poi mi chiedono in che materia sia laureata e restano un po' male quando scoprono che si tratta di una banale laurea in Lettere e ancor più confuse quando dico che per fare il mio mestiere, insomma scrivere (che a loro non appare affatto come un mestiere, of course), la laurea non serve a niente, o a niente di precisamente relativo alla scrittura in sé, insomma che a scrivere romanzi non s'impara (almeno in Italia) all'università.

Intanto siamo arrivati alla scuola: sulle nostre teste scorre il ponte di cemento dell'Asse Mediano che spezza il cielo. Siamo Under the Bridge.

L'Asse Mediano, con un lunghissimo viadotto, collega la Domiziana di Lago Patria alla statale che va da Aversa a Nola, attraversando Giugliano, Qualiano, Sant'Antimo, Melito, Casandrino, Grumo Nevano, Frattamaggiore, Cardito e Acerra. Ognuno di questi luoghi ha una definizione nell'immaginario collettivo, più o meno legata a fatti di camorra (comuni commissariati, clan, ammazzamenti, droga), a prostituzione (la Domiziana è il luogo destinato a questo specifico utilizzo nella mia memoria sin dagli anni Settanta del secolo scorso e forse già da prima). Sull'Asse Mediano si bruciano rifiuti speciali, si uccidono ragazzi, si ammirano le ziggurat blindate dei capi clan, si raccolgono migliaia di feriti per incidenti tanto che la strada è chiamata anche «superstrada della morte».

Ciò non di meno, sotto l'Asse Mediano c'è ancora una piccola ma resistente società civile fatta di professori, studenti, lavoratori onesti, architetti, scrittori (Giuseppe

Montesano abita a Sant'Arpino, non lontano da Sant'Antimo, ad esempio) che non corrisponde in niente all'immagine veicolata dai media, ma convive per necessità con questa realtà, così antica e incancrenita che anche una delle mie memorie infantili è legata a questi luoghi, prima della nascita dell'Asse Mediano.

È il 1975. Mia madre dirige una scuola elementare a Villa Literno, ogni tanto l'accompagno, ho cinque anni, devo fare l'esame di stato per accedere direttamente in seconda elementare e so che lo farò in questa scuola bassa e cementizia. I filari di viti maritate che legano agli alberi reti d'uva sfilano dal finestrino dell'auto mentre ci avviciniamo a Villa Literno. Faccio il mio esame, disegno un grande scrigno con il tesoro dei pirati, guardo gli altri bambini che sono a scuola già da un anno mentre io ho studiato da sola, a casa. Andiamo a trovare le suore in un'altra casa bassa e cementizia dove c'è un enorme albero di Natale vero, insomma un abete, non come quello sintetico che abbiamo a casa, in città. E qui mia madre racconta che il camorrista locale è venuto in direzione e ha posato la pistola sulla scrivania minacciandola: qui chi comanda?, ha chiesto. E siccome mia madre non rispondeva ha detto: qui comando io. Dopo il mio esame di stato mia madre chiedeva il trasferimento a Napoli.

Eccoci arrivati, dice una delle prof, strappandomi ai ricordi e alludendo all'enorme scuola (ovviamente cementizia) circondata da un alto cancello. Nel bar di fronte alla scuola, il proprietario siede su una poltrona casalinga a guardare la tv, separato dal bancone di servizio da una tenda di perline. Una volta dentro una delle due prof che insegna arte mi sequestra e mi trascina in un meraviglioso laboratorio di ceramica: è il regno dei pesci in stile vietrese, di alghe e pomodori di mare, di animali immaginari e di bruchi e fiori e porta candele in multicolor. Li hanno fatti i ragazzi, mi dice orgogliosa. E studiano anche l'arte, aggiunge, ancor più felice. In giro, nei corridoi, le pareti sono fitte di vetrine d'acquario asciutto, animate dalle ceramiche marine dei ragazzi, o di scenografie di vecchi spettacoli. Il gruppo di prof che mi aspetta, invece, non è allegro. Sono perplessi, tesi, sorridenti.

Chiedo scherzosamente se sanno cosa stanno per fare e tutti rispondono di no. Non hanno scelto questo corso, nessuno ha spiegato loro in cosa consisteva, non è stata data loro la possibilità di scegliere se partecipare o meno, non sanno se vi saranno comunque costretti: in genere le formazioni sono una palla mortale, sono inutili, per di più è venerdì pomeriggio, che è quasi come fosse sabato, settimana corta, gli stanno togliendo la loro vita privata.

Spiego con calma, inizio il mio solito discorso sulla scrittura e la creazione e quando capiscono che dovranno scrivere quel che gli passa per la testa e per di più dovranno rileggere in pubblico c'è un piccolo moto di rivolta. La classe è delle più consuete, in tutto somigliante a una classe di studenti: infatti le reazioni sono le stesse e le vessazioni anche. Si fa qualcosa che altri hanno deciso per noi. Non siamo liberi di scegliere gli orari o il lavoro. Anche la protesta somiglia a quella di vecchi studenti. È come se diventare professori fosse un modo per non smettere mai di essere allievi e, in effetti, è il modo più sicuro per non uscire più dalla scuola.

Cerco di allentare la tensione, si scherza, si spiega, un po' tocca anche tenere il silenzio, non restano fermi, qualcuno si alza, qualcuno si sente male. Proprio una bella classetta. Per fortuna c'è anche un amico, Peppe, che scrive per «Pulp» e che oggi, proprio oggi, mi confessa di avere un romanzo in lettura presso un editore. Non è che conosca il mio lavoro, ma cerca di mediare, di rassicurare. È ovviamente quello che scrive di più nell'esercitazione, che fa il ritratto dei colleghi e delle loro reazioni. Al primo banco c'è una prof caciarona ma simpatica, una mamma eternamente estroversa, tutta petto e parole, che mi fa molto ridere. Poi ci sono prof più giovani, più timide, più problematiche, qualcuna occhialuta, qualcuna bella ma triste, una dolcissima signora che ha molto sofferto e poi i maschi: a parte lo spagnoleggiante Peppe, un serio e arrabbiatissimo prof pronto a raccogliere il vessillo della battaglia politica contro i corsi di scrittura non preavvisati, che però poi si diverte, bontà sua. Dice che gli sono simpatica e che continuerà. Scrive cose terribili sulla morte. Poi c'è un prof sorridente e sfuggente, un altro che sembra avere gravi difficoltà di comunicazione ma che fa l'esercizio come tutti.

Nei cinque minuti di scrittura fanno di tutto: si soffiano il naso, si alzano, scartocciano caramelle. Solo negli ultimi due minuti il silenzio precipita, profondo, e le anime, a sorpresa, si distendono sul foglio. Esattamente come con i ragazzi. Esattamente come sempre, come con tutti. Alla rilettura qualcuno si commuove, qualcuno sghignazza, qualcuno alza le difese. La scoperta – e questo accade in ogni gruppo insegnanti – è reciproca: adulti che non si conoscono, che non si frequentano, che condividono un posto di lavoro e quasi mai un metodo, che si guardano con sospetto spiandosi reciprocamente mentre si entra in aula, si fa manovra con l'auto nel cortile della scuola, odiandosi silenziosamente durante i consigli e le riunioni di Istituto. In pratica, un gruppo di estranei che oggi pomeriggio di colpo si svela composto di esseri umani.

Dopo tre ore sono tutti sorridenti, felici, caricati, iniziano a chiedere fra quanto tempo ci rivedremo.

Sono contenta anch'io. Mi capita ancora dopo diciassette anni di arrivare ogni volta in una scuola che chissà come e perché mi ha convocato senza conoscermi, di dovermi giustificare per ciò che faccio, ogni volta una sospetta spacciatrice di fumo. Oppure sono La Scrittrice, cosa non meglio identificata, perché quasi mai scrittrice letta o nota, la Tizia strana che viene a farci fare cose strane. Ma sono così contenti, dopo. Sono così felici. A volte mi cercano per anni, mi inseguono, riprendono il metodo in aula, mi raccontano.

Non passo invano, mi dico.

Sul piatto della bilancia dal mio lato: pochi soldi, tanta fatica, l'umiliazione di essere un'eterna Madame Nessuno.

E poi lo vedo, me ne accorgo: pesa di più, più di ogni altra cosa, aiutare per un solo istante le persone ad aprirsi al sorriso, all'emozione, al dolore. Passare dalla chiusura all'apertura. Anche oggi, anche sotto il ponte dell'Asse Mediano.

Alle sei andiamo via: escono le auto dal cortile, ci si saluta con la mano, alla prossima, alla prossima!; e fra i pesci di ceramica resta l'energia di questo amore suscitato in tre ore per i lutti di uno, per l'amore perduto di un altro, per i ricordi di infanzia ritrovati di quello o di quella, per le biglie lasciate sull'Isola Che Non C'è e per pochi minuti recuperate. Una luce, anche piccola, fra i roghi di spazzatura e i morti ammazzati e la fatica di giornate trascorse sempre al servizio della scuola, della famiglia, di altri e mai di sé. Una luce piccola per un piccolo pomeriggio nella vita di venti persone.

Secondo appuntamento nella scuola Under the Bridge e, come a volte accade, cambio di partecipanti.

Alcune prof nuove si esibiscono. Cosa sapete della scrittura creativa? Ho tenuto un corso l'altro anno, dice una chioma da leonessa con troppa matita per labbra. Bene: e avevi letto manuali, seguito altri corsi? No. E come l'hai fatto questo corso di scrittura? Mah, un po' di giochi di parole, un po' di Rodari... Capito. Ricominciamo.

Poiché l'età media è fra i quaranta e i sessanta, li osservo con maggiore attenzione: hanno paura. Hanno una fifa che li divora. Non tirano fuori un'emozione che è una, non contattano una sensazione, non scaricano una tensione. Tengono tutto dentro.

Così, basta sfiorarli con la scrittura che esplodono lacrime, reazioni di difesa, rabbia. Per due lezioni di seguito è bastato un incipit («Di notte tutti abbiamo ali», verso di Ana Paula Tavares) e un breve esercizio sul gusto (assaggiare cioccolata e scrivere a partire dalla parola «sento»), perché due diverse prof scoppiassero a piangere ricordando episodi dell'infanzia o la scomparsa di parenti amati. Oggi la prof che si commuove è una bella signora bruna, generosa di gesti e di aspetto. Dopo il pianto e la fatica a leggere è tutta felice, anzi è talmente sollevata che non la smette più di parlare, il che alimenta la dispersione di energie generale, perché basta che entri un foglio per le firme che tutti si rimettono a chiacchierare, basta che un genitore bussi alla porta che gli occhi, le menti e i cuori si volgano altrove. Ogni tanto mi tocca alzare la voce e diventare severa per ristabilire l'ordine, il che cozza con il lavoro morbido e accogliente che sto facendo. È come avere a che fare con bambini di pochi anni, però con la determinazione autodistruttiva di un adulto. Uno dei pochi prof maschi, sempre cervellotico, sempre agitato, sempre alla ricerca di una sigaretta da fumare, che scrive poco e fatica a rileggere, compie per l'ennesima volta, lo sto osservando, lo stesso gesto: arriva sulla soglia dell'aula con la sigaretta alla mano («esco a fumare»), si ferma e sta per dirci qualcosa, poi muove la testa come un cavallo che nitrisce e torna al suo posto. La terza volta si decide e parla:

«Questa è solo una mia idea e me ne scuso, ma che ragione c'è di fare quel che stiamo facendo? È la seconda volta che una collega – ti stimo, ti rispetto, fa rivolto alla collega tutta in brodo di giuggiole per l'emotività appena espressa – piange. E se ci succede in classe?»

«Succederà» gli confermo, tranquilla. «Succederà e non ci sarà niente di male. Restate in silenzio e aspettate che l'emozione fluisca. Non fate come prima, che quando Maura è scoppiata a piangere tutti volevate passare oltre e cambiare argomento. Non si passa oltre: non aiutate le persone, aiutate il vostro disagio, non il loro.»

«Sì, ma che diritto abbiamo noi di fare questo ai bambini?»

«Guarda che non facciamo niente, né ai bambini, né agli adulti. Ognuno condivide con la scrittura quel che si sente di condividere. Nessuno tirerà mai fuori cose che non riesce a sostenere.»

Vedo la paura diventare rigidità nel prof. Quest'uomo non sa stare in aula. Di più, ha paura dei suoi studenti.

«Sì, ma che diritto abbiamo? E perché dovremmo farlo?»

Allora decido di essere chiara: «Guarda, è evidente che di solito avete così poca confidenza con il raccontare l'emozione, e dunque la storia, che basta sfiorarvi perché vengano fuori vissuti emotivi. Tuttavia, se non superiamo questa fase, al racconto come invenzione noi non ci arriveremo mai. I ragazzi, al di là della tua impressione, sono molto più disponibili a raccontarsi senza pregiudizi e a inventare. Lo fanno volentieri. E se qualcuno scoppia a piangere è perché ha un vissuto recente che non ha ancora narrato. Magari è un dolore e lo racconterà e tu scoprirai qualcosa dei ragazzi che ancora non sai. Il problema non è in classe, è qui, con voi, che siete adulti e non vi raccontate da decenni. Per questo basta così poco e vi sembra d'aver fatto chissà che esperienza. Stai tranquillo. La scrittura del racconto inizia dopo tutto questo, stiamo avvicinandoci, qui siamo ancora all'inizio...»

Ma il prof non si calma, anzi, si chiude a riccio, la sigaretta non se la va a fumare e si siede al suo posto senza leggere. Registro tuttavia il fatto che non ha lasciato l'aula. Ha paura, ma vuole provare.

Intanto Maura continua a ripetere di come è contenta dopo aver scritto, non si ferma più.

Ennesimo appuntamento: oggi è una giornata infuocata. Tanto per cominciare, il preside di una scuola siciliana dove sono attesa nelle prossime settimane mi fa sapere tramite una mortificatissima insegnante che non mi dà il permesso di venire in auto.

Come sarebbe che non mi dà il permesso?, chiedo.

Devi prendere l'aereo, il preside non vuole responsabilità... Sai, in caso di incidenti.

E perché, l'aereo non può cadere?, chiedo, facendo i debiti scongiuri. E resta il fatto che, anche preso l'aereo, che ormai mi costerebbe di più perché la data è troppo vicina e poi non è stato scelto perché la scuola non intendeva anticipare il costo, devo comunque arrivare da Catania a Ragusa e mi tocca noleggiare un'auto, onde evitare penosissimi e improbabili spostamenti con le ferrovie siciliane o con gli autobus. Quindi, cosa cambia? Ma soprattutto mi fa vedere rosso il fatto che qualcuno debba stabilire le mie modalità di viaggio. Già vengo pagata quattro soldi, già li vedo dopo mesi, se non dopo anni, già devo anticipare tutte le spese e per di più mi si dice anche come devo viaggiare?

Faccio capire alla prof che se queste sono le condizioni non verrò, nonostante abbia spostato da mesi i miei impegni con altre scuole e altri laboratori per poter essere in Sicilia quella settimana.

La prof, confusa, mi dice: ma non possiamo trovare una mediazione? No, rispondo, perché in auto costa meno anche alla scuola e nessuno decide per me cosa faccio e come lo faccio. Ci lasciamo interlocutorie.

Così, entro nella scuola già un po' nervosa. I prof, che hanno avuto venti giorni di ferie fra elezioni e feste pasquali, mi guardano stremati nelle poltroncine della sala professori. Siamo stanchi, mi dicono. Voi siete stanchi? E io che ho lavorato anche a Pasquetta? Pedalare, in aula, su. Mi seguono, rassegnati.

E tutto procederebbe per il meglio, non fosse che mentre faccio lezione la tutor passa con il foglio delle firme e mica lo fa in silenzio: con ogni prof si ferma a parlare, a voce alta. Conversano, come se non ci fosse in corso una formazione. Di più, il prof spaventato dalle emozioni dei ragazzi, quello che protestava con la sigaretta in mano volte prima, colpito dalla primavera, entra in aula senza salutare, si siede accanto a una collega graziosa e inizia a corteggiarla a voce alta. Ridacchiano, sbeffeggiano. Due adolescenti di quasi cinquant'anni. Dico di fare silenzio un paio di volte. Niente da fare. Mentre leggo Hemingway e i piccioncini tubano, forse per fare dispetto ai colleghi, forse per dare fastidio a me, forse solo perché sono tornati bambini, non ce la faccio più e mando uno strillo d'aquila. E andatevene!, dico loro.

Sono furibonda. Sono stufa delle prof che mi ungono per avere un certificato di frequenza ai miei corsi e nemmeno li seguono come si deve, gli serve solo per potere fare a loro volta un PON da qualche parte e mettere il mio nome nel loro curriculum.

Stufa dei presidi che vogliono gestire il mio tempo come se fossi un loro dipendente, stufa dell'umanità senza spina dorsale che mi tocca incontrare nelle aule. I piccioncini se ne vanno, senza salutare, come erano entrati, e a me tocca spiegare *Colline come elefanti bianchi* al popolo distratto dal bisbiglio, che non ha detto o fatto nulla perché il chiacchiericcio ormonale si interrompesse. Non è finita qui.

La tutor, che se ne starebbe per andare a casa perché non si sente bene, dopo aver disturbato con le firme adesso si ricorda che non sa cosa fare sulla piattaforma (Dio fulmini le piattaforme!) e così mi tocca lasciare i suoi colleghi intenti a fare il loro esercizio di scrittura tutti soli per cercare di risolvere il problema della piattaforma, che non starebbe a me risolvere. Sono in tre, la tutor e altre due, una accucciata in una sedia come uno yorkshire impolverato, in religiosa contemplazione di uno schermo di ultima generazione. Due su tre non sanno muovere il mouse. Ci mancano gli obiettivi del corso. E scriviamoli. Mi siedo e, siccome digito rapidamente, lo yorkshire mi apostrofa: Collega, ma sei una preside?

Né collega, né preside, sono una scrittrice.

Sì, va be', ma come professione voglio dire...

Sono una scrittrice, è una professione.
Lo yorkshire si ammutolisce, perplessa perché probabilmente incontra di solito colleghe che stampano libri a pagamento con mini editori locali e crede che quello sia scrivere, anzi essere scrittori. Sbuffo. Obiettivi completati. Adesso, il resto ve lo fate voi, non sta a me, dico. E vorrei aggiungere ma non lo faccio: siete pagate per questo, poco ma siete pagate.
E fate almeno questo!
Rientro in aula furibonda ma decisa a calmarmi.
Tutti hanno fatto l'esercizio perché risulterà come verifica finale e, quando si tratta di compiti, verifiche e carte, l'ordine torna a regnare, quasi sovrano.
Iniziamo a rileggere. Hanno scritto cose carine: è l'esercizio che assegno di solito sulla memoria di finzione. Ho spiegato chi è Georges Perec, ho spiegato come funziona la memoria quando inventiamo e ho propinato un esercizio che faccio da una vita: scegliere una foto fra una serie di scatti d'epoca e diventare uno dei personaggi ritratti. Usare la propria memoria personale per inventare un personaggio. Molti sono rimasti ancorati al loro ricordo e basta. Donatella, però, che a ogni incontro mi viene a prendere con santa pazienza alla metropolitana, esce dall'aula. È un po' agitata, si vede. Mi fa cenno di seguirla.
Che succede?
Non ce la faccio a leggere, ho il batticuore. Leggi tu per me?
Certo, certo. Ma vuoi restare fuori mentre leggo o rientri?
Mi segue. E io prendo il foglio. Cerco di leggere con la maggiore attenzione possibile per non sbagliare a causa della grafia sconosciuta. È il ricordo di una prozia che le

prometteva sempre piccoli gioielli in dono. E anche di uno zio, molto amato. Dei vecchi di famiglia che le rendevano l'infanzia felice. Abitavano tutti nello stesso caseggiato, che ora è triste e vuoto.

È una bella pagina, molto commovente.

Donatella ha le lacrime agli occhi e ha paura che vengano fuori davanti ai colleghi. Una prof simpatica si ricorda allora di una sua zia che le portava sempre gioielli in dono, ma che, alla fine, se li riprendeva indietro. Scoppiamo a ridere immaginando la vecchietta che depreda la bambina e, per un istante, questi parenti lontani che il tempo ha trascinato via con sé insieme alla felicità di Donatella e delle mie prof, appaiono nell'aula, ponendo fine ai tormenti scolastici, riportando la vita vera fra di noi.

È riuscito, è riuscito il laboratorio nonostante le tutor, le piattaforme, i prof distratti dalla primavera e le mattane dei presidi.

Peppe, che ogni volta con santa pazienza mi riaccompagna alla metropolitana del ritorno, è un po' seccato, però. Ce l'ha ancora con il prof che ci ha infastidito. E poi i ragazzi finiscono in mano a questi, mi dice, e chi li può recuperare? Non siamo capaci. Ieri ho incontrato un mio ex alunno, racconta, uno difficile, che ero riuscito a coinvolgere in un progetto teatrale, abbandonato dalla famiglia ma intelligente.

Gli ho chiesto: che stai facendo, ci vai a scuola? Professò..., mi ha risposto.

Se non ci vai tu, che hai cervello, ho insistito. Ce ne sono tanti meno intelligenti di te...

Mi ha guardato a lungo, dritto negli occhi.

Arrivederci professò, ha detto alla fine.

Mi ha gelato. Come se con quello sguardo mi avesse detto: basta, mi hai illuso per un anno, non illudermi più, non mi contare palle.

Una volta questo ragazzo mi ha chiesto di accompagnarmi a un matrimonio. Andavo a Foggia, da certi amici.

Professò, fatemi venì, che vi costa? Faccio vostro figlio. Potrei, no? Voi ne tenete quaranta, io quindici, è possibile. Mica pare che avete fatto il guaio... Non vi faccio fà brutta figura, promesso...

E tu l'hai portato?, chiedo a Peppe.

E come facevo, era impossibile.

Siamo alla fermata della metro. Ci salutiamo, sperando che domani vada meglio, sperando che saremo tutti più capaci, forse sperando di poter portare tutti al matrimonio, di riavere per ogni ragazzo una famiglia felice. E anche per ogni prof, che Dio li guardi.

19

Forte come la neve: la Sicilia d'Oriente

Ma poi come va a finire con il preside di Modica?

Finisce che parto in auto, non appena il preside capisce che potrà risparmiare rispetto all'aereo o alla nave e così andiamo, all'avventura.

La Salerno-Reggio Calabria, si sa, è un'autostrada piena di insidie, sarà per questo che il preside è tanto preoccupato, però anche Paolo, il mio compagno, telefona all'Anas un paio di volte. Risultato: due rallentamenti lunghi, uno di 35 km, cantieri in corso da vent'anni. Però il martedì non c'è grande traffico e non ci sono ponti, quest'anno il primo maggio capita di sabato, e così ci avviamo tranquilli e non incontriamo granché difficoltà. Ogni tanto tocco ferro nel caso capitasse l'incidente previsto dal preside. A un autogrill scopro che si può acquistare il biglietto per Villa San Giovanni alla cassa, un espediente per le terrificanti code estive sullo Stretto, ma la cassa non è attrezzata: provate in Calabria, mi rispondono. Ovviamente, non ci proviamo più. Il paesaggio calabrese è di una bellezza struggente, verdissimo in primavera, ogni tanto provo l'illusoria certezza di trovarmi in Svizzera o in Umbria e quando lo dico a Paolo lui precisa: ma non è così... Però le mucche pascolano e anche le pecore, inclinate sui pendii come nelle illustrazioni della mia infanzia, che da lontano sembra debbano cadere come birilli o che abbiano le zampe incollate al prato con la coccoina, la colla all'odor di mandorle siciliane che aspiravamo, drogati, alla scuola elementare. Tuona, di tanto in tanto, e poi esce un sole sfolgorante. Sul viadotto che guarda Scilla a picco sul mare ho la vertigine: sembra d'essere in Brasile, accanto al Cristo di Rio. Tutta questa bellezza, tutto questo azzurro. A Villa San Giovanni facciamo un'ora di attesa. Non sono mai arrivata così in Sicilia, sempre per nave, a Palermo, che compare di notte illuminata a festa come una visione felliniana, o in aereo, a Catania, sorvolando l'Etna bianco di neve che fuma a bocca spalancata, osceno come un sesso lasciato al sole. Guardo Capo Peloro, di fronte a noi, il punto più stretto dello Stretto dove i nostri brillantissimi dittatori locali pensano di costruire un mostruoso ponte. Scilla e Cariddi si vendicherebbero, i Greci lo sapevano. Tira vento fra la Sicilia e la Calabria e la vicinanza della traversata è illusoria. Messina si tocca con la mano, ma il mare può essere terribile in questo tratto. Da Messina prendiamo un'autostrada conciata peggio della Salerno-Reggio, se possibile, con fosse nelle gallerie, una corsia che entra e esce dal buio come l'autostrada ligure, ma molto meno frequentata in questa stagione. Ci fermiamo per la notte a Taormina. Ogni tanto mando un messaggio rassicurante alla prof che ci aspetta: la maledizione del preside, per ora, non ci ha preso.

Taormina è ancor più brasiliana di Scilla: il golfo è aperto e illuminato, una promessa di naiadi e tritoni.

Romantica, in questa bella serata antiestiva, scintilla di vetrine alla moda e ristoranti aperti con speranza, lounge bar deserti fra le eleganti case tardogotiche, le chiese antiche con le pietre che giocano come la lana sui cardigan di Armani e i palazzi barocchi. Si respira, però, un'aria un po' ammuffita, di un'Italia anni Sessanta irrimediabilmente passata e che non si rassegna al suo trascorrere. Uno stonatissimo panzone canta Bindi per un pubblico di fantasmi e chiede l'applauso ai camerieri seduti ai tavoli. Una voce invisibile riesegue Carosone. Rare coppie di tedeschi o inglesi in età avanzata passeggiano in giacca e babbucce, un'unica, popolosa famiglia di siciliani taglia il corso principale coi cartoni delle pizze in mano. Chiuso il Sesto Acuto International Cabaret, illuminati a festa per un turismo assente le terrazze velate delle discoteche: Taormina di sera è l'Italia di Pippo Baudo, immobile a una gloria che fu e che stiamo noi, della mia generazione e delle successive, scontando a caro prezzo. Un'Italia di vecchi, come il bagno dell'hotel pretenzioso ma decaduto in cui dormiamo, con un unico, tenero, cameriere asmatico, tappeti e antiche sedie ovunque e igienici postbellici, impresentabili anche in una casa privata. Nelle case dei vecchi la vecchiaia si vede soprattutto dai bagni.

Al mattino Taormina è in ripresa: la luce polverosa e accecante di un'estate anticipata accoglie pullman di turisti che sosteranno solo quel giorno e ce ne andiamo salutando la meraviglia del creato, i teatri degli antichi e le belle case di secoli addietro. Modica ci attende. Due ore dopo e nessun incidente autostradale né altre disgrazie – siamo in città. La Val di Noto è un tripudio in fiore, Modica un piccolo presepe barocco.

La classe è immensa: all'inizio saremo una cinquantina, poi, per fortuna, il numero cala a trenta. Tutte donne. Guardo con tenerezza l'unico maschio, un prof, che timidamente siede nell'angolo lontano di quest'aula-laboratorio immensa di un palazzo umbertino, discretamente immerso in un'atmosfera primi del secolo non modificata da restauri, né interni, né esterni. E inizia la meraviglia. Professoresse gentili e sensibili, ragazze attente e curiose. Educate. Tranquille. Posate. Scrivono cose incantevoli. Sono disponibili a far gruppo. Si commuovono di continuo e senza grandi traumi. Le prof piangono davanti alle ragazze che non se ne approfittano. Sono nel paradiso del laboratorio di scrittura a scuola. Modica resterà memorabile non solo per la cioccolata e l'architettura che suggerisce sogni borrominiani e infiammati, ma soprattutto per la bontà di queste donne di ogni età.

Antonio, il prof, scrive scherzosamente, al primo, terrorizzante esercizio di scrittura senza censure, che «era più ricco di idee prima di cominciare», Gianna, altra prof, che occorre stare attenti alla «mente, quest'infida compagna di viaggio», Emanuela, altra prof che poi si scioglierà in belle scritture più avanti, inizia col dichiarare che «è la mia scena e non è la mia», prima traccia di un inatteso straniamento provocato dalla scrittura. Sara, la prof che mi segue dolcemente in tutta l'organizzazione e ha dovuto mediare col preside, scrive della figlia: «la mia bambina vola nei suoi sogni».

E poi le ragazze: indimenticabile la nostalgia anticipata di Daniela che ricorderà le sue compagne e questo ultimo anno di scuola anche per merito della stiratura di Ilenia – scoppiano tutte a ridere, Ilenia si tocca i capelli neri e liscissimi, all'ultima moda – o l'ironia di Rita che pensa al giro del mondo in ottanta giorni che vorrebbe fare e poi chiosa, dolceamara, che in fondo abita a Modica, ed è bene ricordarselo, e da qui in ottanta giorni al massimo può fare il giro della Sicilia.

Altre risate. Ma masticano amaro le mie pulzelle, perché questo, è vero, è il paradiso di Montalbano – poco distante a Puntasecca c'è la casa televisiva del commissario e ogni strada o portone qui e a Scicli ha un plicoglass con le foto della fiction che immortalano i luoghi delle riprese – ma l'aeroporto più vicino è a duecento chilometri, le autostrade fanno finta di esserci, i treni sono inesistenti e anche arrivare a Palermo per studiare è come scavalcare un continente. Pure, quasi tutte andranno a studiare lontano, molte fuori della Sicilia. Come scrive Elisabetta «il tempo fugge» e «rimpiangerò cose mai dette, mai fatte?» Anche Luana scrive dell'«amarezza di scoprire i limiti del mondo» e desidera, incantevole immagine, di essere «forte come la neve».

Mi ricorderò di quest'immagine la sera, a passeggio lungo il corso principale, mentre Modica è un presepe illuminato, arrivando alla chiesa dei Santoni, i dodici apostoli che presidiano le scale a dimensione più che naturale. La luna piena proietta fantasie d'apparizioni, Gesualdo Bufalino per un attimo è lì, sulle scale, anche se la nativa Comiso è qualche chilometro più a nord, e la luce mi sembrerà, a tutti gli effetti, forte come la neve, che come l'anima pulita di queste ragazze può sciogliersi da un momento all'altro, ma ricade, secondo legge di natura.

Il giorno dopo cambiamo sede, lasciamo il palazzo umbertino sul corso principale e andiamo nella sede nuova, in collina. E finalmente appare anche il preside.

Scostante, dice poche parole. In aula mi dà un benvenuto formale e auspica che si salvi il buon nome della scuola. Glissiamo su quest'annuncio, una delle prof a mezza voce precisa: punti di vista. E alle ragazze: a noi interessate voi, non il buon nome della scuola. E si vede che le ragazze lo sanno bene, che si fidano delle loro prof.

Oggi la cosa più buffa la scrive una prorompente brunetta che rivela di aver giocato a carte durante la lezione di storia. A carte?, chiedo. Sì, ma non stavamo parlando, precisa lei. Certo, stavate giocando... Risatine. Ma perché a carte? Ce le facciamo noi, le ritagliamo e le disegniamo.

Faccio mente locale: cioè queste ragazze invece di punzecchiare i loro cellulari o di giocare su quegli affaretti infernali dove minuscoli pupazzi passeggiano in prati virtuali prendendo punti a ogni frutto esotico che mangiano, invece di isolarsi in una qualche rumorosa tecnologia, giocano a carte. E giocano con carte disegnate da loro. Sono in un racconto anni Cinquanta. E sono felicissima: a Modica il tempo s'è fermato oppure, in modo del tutto salutare, ha ripreso a scorrere a ritmi umani. Le ragazze fanno cose per stare insieme, usano le mani per costruirsi i giochi, si fabbricano le carte. Non riesco a dispiacermi del tutto per questa lezione di storia non ascoltata, anche se era sul fascismo e sarebbe stato utile capirci qualcosa, visto l'andazzo del nostro presente.

Vige felicemente nell'aula quello che la prof Lucia chiama, nel suo esercizio, «il silenzio del pomodoro»: compare la terra, compaiono i biscotti fatti con tutta la famiglia, si sale sugli alberi (scrive Lucia «a ricamare, leggere, oziare»), compaiono le nonne che difendono le ragazze dalle madri e si fanno, come scrive Eva, «frittelle nei giorni di pioggia», pensando a quando «sarò nonna». Scopro da Sara che esiste una pietra locale chiamata «timpa» e che nella sua infanzia una nonna allevava «conigli bianchi dagli occhi rossi mai mangiati». Emanuela, la prof che adesso scrive di più e sempre meglio, ha bellissimi incipit: «In cinque nella Cinquecento bianca della zia Cettina...». Scrivono di gite al mare, di millefoglie e di campagna.

Non importa che Modica stia cercando di ritagliarsi uno spazio nella modernità e che alcune cioccolaterie espongano i dolci come fossero profumi di marca, anzi: benvenuto il presente, se il passato qui riesce a non consumarsi nel vuoto. A Modica, scrive Roberto Alajmo nel suo *L'arte di annacarsi*, McDonalds ha chiuso perché la focaccia locale, la schiaccia, è preferita anche dai ragazzini. E, certo, nella meravigliosa chiesa di San Giorgio – San Giorgio è un santo fortunato, merito del drago: ha le chiese più belle della provincia, questa di Modica e a Ibla la chiesa che fa da sfondo a *Divorzio all'italiana* di Pietro Germi – non ha una guida per i turisti, però ha la scalinata più elegante e prospettica che fotografo possa desiderare. Qui le madonne rinascimentali di marmo sono ancora dorate, nei profili ricamati degli abiti, nei capelli dei bambini sacri, non hanno perso il colore che avevano un tempo. I gatti dormono lungo i vicoli a cespuglietti sugli strofinacci, rilassati e imparentati. Tutto è quieto e fa contrasto con Napoli, con la Campania, con le grandi città che, al confronto, sembrano un'installazione dei fratelli Chapman, quelle con pupazzetti nazisti che stuprano e uccidono. Sì, quartieri nuovi e superattrezzati per il consumismo ci sono anche qui e antichi, disperati abbandoni, però le mie signorine d'altri tempi, toste e solidali, resistono in questa felicità di ferro battuto e mostri di pietra sotto i balconi, fra conchiglie inclinate sugli architravi, cavalli rampanti, spume d'onda, fiori e grovigli di vite in arenaria. Qui i silenzi sono aberranti e densi, nascondono cuori di pace e primavere di lampi. Piove, mentre facciamo lezione. Pioviggina, mentre saliamo le scale di Modica alta. Di sera due straniere biondissime salutano scherzose i maschi, tutti maschi, che guardano la partita di Champions League in un bar oscurato in cui navigano enormi lampadari di cristallo spenti. Battute, risate, poi le bionde si perdono nei vicoli bagnati di luna. Qualcuno, oltre le tende, in una stanza affrescata, veglia, fino a tardi.

«Sorrido sempre quando sono imbarazzata», scrive Emanuela, spaventata dagli «occhi curiosi che puntano col dito», scrive di un antico compagno di studi con cui condivideva «baci di fumo». Lucia scrive del «maluvizzo», la campagna, e del «fatale», il grembiule, e ricorda «squadre di bimbi in coda alla nonna».

La scoperta fra prof e alunne – ormai siamo tutte donne, anche l'unico maschio ci ha lasciate – è vicendevole, quieta, orizzontale. Le generazioni a distanza si riconoscono, le adulte sono guida e specchio per le più giovani. Niente tensioni o gare. Il laboratorio ha creato il clima e fornito l'occasione. Ci lasciamo commosse, una delle ragazze mi scrive un biglietto di ringraziamenti che incornicerò. Sara mi telefona e mi scrive dicendomi quanto sono state contente e che di solito le ragazze bisogna pregarle per consegnare i lavori prodotti nei corsi pomeridiani, invece ora sono tutte entusiaste. Sara mi dice che la scrittura fa star meglio e che vuole continuare a praticarla con le colleghe. Si lavora anche per questo.

Le scimmie che divorano festoni sotto i balconi, i mori deformi di Scicli, i saltimbanchi pietrosi di Ibla, tutti i mostri della classicità perduta ci salutano, il sabato. Lasciando la Val di Noto ci sentiamo già orfani. La prossima volta bisogna andare a Comiso, fare il pellegrinaggio letterario da Bufalino. A Catania l'Etna è sempre bianco e fumante. A Messina, miracolo, non c'è attesa e dall'autostrada ci troviamo sul traghetto senza spegnere il motore. Il Napoli vince, mentre risaliamo la Salerno-Reggio Calabria e Paolo esulta.

Prima di addormentarmi, a Napoli, rivedo le sode chiappe di un Eracle lisippeo conservato nel museo di Modica e ridacchio.

20

Donne, du-du-du...

In un pomeriggio piovoso di gennaio vado al Nuovo Teatro Nuovo di Napoli per un convegno sul corpo delle donne. Lo ha organizzato una sezione bancaria della Cgil, un gruppo agguerrito ma dolce di donne sindacaliste. E mentre vado al convegno, attraverso i vicoli dei Quartieri Spagnoli, di colpo assisto a un'apparizione: da un lato all'altro della strada, sospesi nell'aria plumbea e bassa decine di abiti per bambine aprono le gonne sulla mia testa. Abito da damina settecentesca, abito da strega, abito da eroina di manga romantici, abito da sera, abito da tigressa, abito leopardato, abito da Zorro (ce n'è anche per maschi), abito da sposa. Sono incartati in una leggera plastica per non bagnarsi con la pioggia, muti in cielo, come se fossi capitata in un racconto di Fabrizia Ramondino. Sarà un'installazione d'arte contemporanea, penso, e subito dopo vedo la proprietaria del negozio nascosto nella parete fra i palazzi avvolta nel classico d'inverno per le donne dei Quartieri: stivali di vernice nera, gonna nera, giubbotto di ecopelle con pelliccetta finta nera, trucco calcato e sigaretta. È quasi Carnevale e quasi non me ne ricordavo: qui si fittano gli abiti per i bambini, ogni anno diversi, ogni anno più sfarzosi, ogni anno sempre più costosi. Fra un paio di settimane scorrazzeranno per via Toledo famiglie ingrifate e nervose, alluccandosi reciproci insulti o minacce e tenendo per mano sgarrupatissime e aggressive sposine, damine, fatine con gli anfibi sotto i volant e la bacchetta magica agitata come un coltello.

Sotto terra, nella sala Assoli del teatro, eccole le streghe della Cgil, tutte alliccate e sorridenti: ci facciamo saluti, abbracci e poi inizia il dibattito (come disegnava Andrea Pazienza in una famosa vignetta: le début, le débat, le blábláblá). Somiglia pericolosamente, con noi «esperte» messe in fila nella cavea e il pubblico sugli spalti, a un talk show. C'è anche un'attrice, brava, che fa siparietti pensierosi o divertenti e si proiettano alcuni video molto interessanti: uno storico sulle donne fatto per il sindacato quarant'anni fa, l'audio rovinatissimo ma, per quel che si sente, assai simile a un'intervista di Mario Soldati; un altro spaventoso, destinato a diventare celebre, *Il corpo delle donne* di Lorella Zanardo, soffermandoci sulle immagini in cui modelle si prestano a posare come quarti di bue sospesi con il sedere marchiato; infine una sigla tv di Paola Cortellesi che mima le donne della house music americana, analfabete, potenti, sexy e superficiali.

In sala ci sono anche studenti di scuola e di università, oltre a bancari e sindacaliste di diversi ambiti.

A parlare: la Scrittice, le Psicoanaliste (una per i disturbi alimentari e una per le violenze), l'Ostetrica, la Storica di Genere. Siamo carine e piuttosto informali, come per fortuna succede sempre fra donne, nessuna che cerca di dire: io sono questa, questo è il mio potere. Anzi il tema è proprio: perché le donne in politica hanno così poco peso (in Italia) e perché quando parlano delle donne e avanzano richieste per le donne vengono prese così poco in considerazione.

I temi sono molti, il discorso va su e giù, si lamentano

le assenze di politiche, si fa resistenza a parlare dei fallimenti o dei vuoti e un po' ci si chiede perché, un po' non lo si vuol sapere. Ma mentre parliamo, ci infervoriamo, discutiamo su come mai nessuna donna si indigna se Flavia Vento (viene presa ad esempio lei, per una vecchia trasmissione con Mammuccari) sta sotto un tavolo a fare la donna-oggetto, anzi la donna-zampa da tavolo. Si parla dei modelli culturali trasmessi dalla tv. Ma le ragazze vogliono essere così, oggi, qualcuna dice, scaricandosi il peso della maternità dalle spalle. E poi si dovrebbero indignare anche gli uomini. Un signore più anziano dice: e la famiglia? Qui non sento parlare di famiglia! Come a dire: signore, dove siete, che fine avete fatto, perché non state a casa a cucinare e a badare a queste ragazze che poi fanno sesso in chat e si vendono per due minuti di sedere in tv? Ovviamente gli argomenti sono tanti e le discussioni tutt'altro che esaustive, ma a un certo punto la classe di scuola, chissà quale, che era in cima alle gradinate sparisce. Me ne accorgo dopo un po', perché sono accecata dagli spot puntati negli occhi, ma è evidente: i più giovani se la sono svignata. Complice l'ora, complici i compiti da fare o la prof che li accompagnava che deve tornare a casa ad accendere i fornelli, chissà.

Avrei voluto sentirle le voci dei ragazzi e delle ragazze quando si parlava di anoressia e bulimia, di immagine e di apparenza, quando, come giustamente dice una psicologa accanto a me, si è sottoposti a modelli schizofrenici come la velina e la Pivetti, la Brambilla e la letterina o, direi anche di più, Angela Merkel e Flavia Vento. Sapevamo cosa fare di noi alla loro età, noi che adesso abbiamo quarant'anni? Un trentacinquenne dice: noi siamo la generazione che non ha fatto figli. Le signore, indignate: i figli si fanno in due.

Il trentacinquenne sparisce dopo poco dalla sala, come i ragazzi. Mi chiedo andando il giorno dopo in una scuola cosa dirò ai ragazzi, se sono già troppo vecchia per raccogliere le loro storie, per far loro scrivere chi sono. In ogni caso, questo bisogna segnalare: si smette di pensare, si smette di sentire, si smette di raccontare se non siamo in eterno confronto con noi stessi, al di fuori del nostro personale centro di presenza. Quando esco dal teatro cerco con gli occhi le donnine sospese ai fili fra i palazzi, gli abiti vuoti con i ruoli per le bambine a Carnevale e ho un brivido.

Non è la pioggia.

Ma allora perché queste ragazze non sanno cosa vogliono fare da grandi?, mi chiede, pochi mesi prima, nella bella sala di lettura della biblioteca di Ca' Foscari, a Venezia, la gentile prof di lungo impegno femminista.

Guarda caso, sono seduta nell'università fondata, fra gli altri, proprio da quel Luigi Luzzatti cui è intestato il rione vicino Gianturco, il rione di Sotoacèto.

Venezia è immersa nel buio di novembre.

La nebbia da mattina a sera fa perdere i contorni alle cose: Punta Dogana con il ragazzo che regge la rana sfida il nulla che si perde nell'Adriatico; i mosaici dorati risplendono freddi e, nella stanza dove alloggiamo, sul copriletto disegnato a bande azzurro cobalto persino una moneta da due euro somiglia a un antico fregio bizantino.

Saremo sette o otto donne all'università. Contemplo l'aula di mattoni nudi ottenuta da un fantastico restauro di un'antica falegnameria delle Zattere.

Ho raccontato delle pischelle di Ercolano che fanno

figli a tredici anni, li allattano in Presidenza e, se interrogate, non sanno dirmi niente dei sogni futuri.

Perché, rispondo alla gentilissima prof, nelle ultime tre generazioni la comunicazione si è interrotta. Chi ha vissuto il femminismo non l'ha raccontato alle figlie o non l'ha saputo raccontare. E così le figlie – e i figli – l'hanno rifiutato, come si fa con ogni esperienza dei genitori. In questo modo la rivoluzione si è arrestata.

Una quindicina di anni fa, continuo, presentai in una libreria Luciana Viviani. Ricordo con molto calore quell'incontro, perché la figlia di Raffaele Viviani, già molto anziana, era sorridente e disponibile, assai più delle ex attiviste anni Settanta, ben più giovani di lei, che riempivano la sala e guardavano noi ventenni come il fumo negli occhi. Disse semplicemente: mia cara, in questo secolo l'unica rivoluzione riuscita è quella delle donne. Tutte le altre hanno fallito. Ma non bisogna illudersi che sia finita.

Sono cresciuta piena di sogni e di certezze di realizzazione: pure, mi sono risvegliata al tempo delle veline, del maschilismo più becero al governo, delle escort, della discriminazione sessuale (omo, trans, femminile). Mi sono trovata circondata dai reality e da ragazzine che nelle scuole, se interrogate, dicono: voglio fare la mamma, voglio solo fare soldi, tanti e presto. Le ex femministe, ne incontro alcune a Napoli sei mesi dopo Venezia, sanno solo dire: «stiamo elaborando il lutto», ovvero: noi abbiamo fatto il possibile, ora vedetevela voi.

Occorre ricucire la comunicazione fra generazioni, dico alla prof veneziana. Bisogna unirsi, non lasciare il campo. Ma mentre parlo ho davanti agli occhi recenti immagini di prima serata in cui ragazzette senza arte né parte invadono lo schermo accanto a mostri sacri della canzone. Il futuro è adesso, nelle classi dove si allatta, dove i sogni sono diventati sintetici o si sono, semplicemente, estinti.

Non si suda più leggendo Foscolo, Leopardi e Manzoni? Bene, useremo *Matrix* per parlare di storie, metteremo insieme film come *Babel* con i romanzi di Hemingway e i racconti di Julio Cortázar e citeremo *I Simpson*, se necessario.

Anche se, assai più spesso, bisogna ricominciare a raccontare le favole, perché anche di quelle s'è persa memoria.

21

Concorsòpoli

C'è una vera fissazione nelle scuole per i concorsi.

Concorsi per l'ecologia, concorsi sui genitori, concorsi sul pensare un mondo migliore, concorsi contro la criminalità organizzata, concorsi per le vittime e per i boia, concorsi sulla felicità, sull'amore, sulla paura, sulla noia, contro la droga, sul primo amore, concorsi, concorsi, concorsi... Non c'è scuola dove a un certo punto l'insegnante non ti chieda: sai, vorremmo che i ragazzi partecipassero a questo concorso (e sfila dalla borsa o dalla pila di schede che ti farà firmare un bando)... Se potessi usare una lezione per far scrivere un racconto su questo tema, così la scuola partecipa. E io, che son la Pia, come Pia de' Tolomei, rassegnata e paziente, dico sì, sempre spiegando che per un racconto a tema ci vuole più di una lezione di scrittura perché somigli a un racconto. Vabbe', ma tu falli scrivere qualcosa, poi se lo aggiustano... Poveri studenti che si aggiustano le cose a casa. È tutto un aggiusto, la scuola italiana.

E il bello è che spesso con i racconti «aggiustati» si vincono i concorsi e così la scuola che ti ha chiesto di fare laboratorio non ti richiama per la bontà del percorso ma perché l'anno prima, con te, hanno vinto il concorso della tal città sul tale argomento. Sei l'allenatore, sei quella chiamata per concorrere allo scudetto, sei Capello e la scuola è la Roma.

E poi bisogna far vedere ai genitori cosa si è fatto.

Tanti anni fa condussi un laboratorio in una scuola materna dal nome poetico, La Lodoletta. La Lodoletta è a Capodimonte, sulla strada che porta verso Miano e costeggia l'ingresso principale, Porta Grande, del Bosco di Capodimonte. Intorno alla Reggia borbonica e al magnifico parco, intorno a uno dei musei più belli d'Europa, c'è un quartiere sorto al posto della campagna nell'arco di pochi decenni e già vecchio e malridotto. Le palazzine sono tutte uguali, qualche riquadro di erba che simula l'idea platonica dell'aiuola, portoni di alluminio anodizzato, auto parcheggiate ovunque, incluse quelle dei visitatori del Museo di Capodimonte che un parcheggio suo non ce l'ha, proprio a causa della straripante urbanizzazione della zona. Ogni tanto la strada per Miano sprofonda, qualche anno fa fu la volta di un intero palazzo e due poveretti, due idraulici, ci rimisero la pelle. Qui la metropolitana non arriva: una fermata c'è ma è distante alcuni chilometri, come un po' distante è anche la zona ospedaliera. Davanti all'ingresso del bosco un solo negozio di paccottiglia – porcellane di Capodimonte a basso prezzo – e una pizzeria cinese dove non ho mai osato entrare (come fanno la pizza i cinesi? Vivo una felice ignoranza). La Lodoletta è poco più su, al riparo di grandi pini marittimi che un tempo colonizzavano la bellissima collina ora totalmente asfaltata e cementificata: l'edificio è basso, le aule piene dei collage e dei disegni dei marmocchietti.

Alla Lodoletta, data l'età prealfabetica degli allievi, il corso di scrittura fu un corso di lettura disegnata: invece di fare gli esercizi scritti, si facevano racconti a voce accompagnati da grandi e coloratissimi disegni. Alla fine del percorso, mostra con visita dei genitori. Nessuna sorpresa, scoperte nella lettura dei disegni sui propri figli qualcuna, per il resto felicità e complimenti. Ero tanto più giovane, allora, il laboratorio era organizzato dall'Arci e il compenso equivaleva a quello di una domestica a ore. Anche la scuola mi considerava poco più che una bidella creativa e non diversamente si considerano le, spesso giovanissime, insegnanti di questa fascia scolastica dove invece, almeno in Italia, si sono fatte le più belle, creative e innovative sperimentazioni degli ultimi decenni, tanto che i modelli di asilo reichiano italiano o di scuola materna sviluppati in Emilia Romagna sono stati spesso studiati e «venduti» all'estero. Di tutto questo le riforme più recenti hanno tenuto nessun conto, naturalmente: non corrispondevano granché all'idea della scuola-azienda, ma questo è un altro capitolo.

Tuttavia, che si vada a far laboratorio, come m'è capitato, a Spoleto, a Gragnano, a Casoria o a Sannicandro di Bari, le cose cambiano di poco: quasi mai è il percorso a contare, sempre il prodotto finale, l'oggetto da mostrare e poi dimenticare.

Perché così i ragazzi sentono di aver fatto qualcosa, mi dice illuminandosi di repressa speranza una prof. No, tento di rispondere, i ragazzi sentono di aver fatto comunque qualcosa, poiché scrivono e rileggono in ogni incontro e scoprono di non aver mai visto i film di Hitchcock (pare impossibile ma è così, perché la televisione li programma sempre più di rado, a meno che non si abbia un abbonamento alternativo), scoprono le trame dei grandi romanzi, da *Anna Karenina* a *Madame Bovary*, perché nessuno gliene parla mai. Dunque, hanno fatto eccome qualcosa. La questione è invece che gli insegnanti si sentono più tranquilli ad avere il «prodotto» fra le mani. E sempre per colpa dei programmi ministeriali, dei finanziamenti, della quantità al posto della qualità.

E così, ogni anno, scriveremo storielle per il concorsino, faremo filmini per il bando sui cortometraggi, e se i ragazzi sono fortunati, se noi che insegniamo siamo fortunati, qualcosa d'altro, un po' del mistero della vita, dell'inquietudine di quel che resta, del perché siamo qui e a fare cosa (non concorsini, si spera) resterà loro attaccato alle dita. Ma la sensazione di essere un'aliena nessuno me la toglie di dosso, quando tiro fuori dalla borsa e leggo un racconto di Manganelli o una pagina di Roland Barthes e chiedo ai ragazzi di scrivere quel che sentono, scoprendo che spesso il giardinetto del loro sentire (quello che bisognerebbe coltivare, secondo Voltaire) non è più grande delle microaiuole intorno alla scuola materna La Lodoletta. E non è colpa dei ragazzi.

22

Nomen omen?

Mi colpiscono sempre i nomi delle scuole. Mi colpiscono soprattutto in relazione agli edifici cui vengono attribuiti, che sorgono, di solito, in periferia e, se non sono ai confini della cerchia abitata, se sorgono dentro la città, rappresentano sempre il picco di profondità massima dell'eleganza architettonica della zona. Sono brutte, le scuole italiane. Le più belle somigliano a ospedali e gli ospedali sono gli edifici più brutti che esistano sul nostro territorio.

Così, quando arrivo in una scuola intestata a Gandhi, a Galileo Galilei, a Eduardo De Filippo, mi illudo ogni volta che il nome corrisponda a una forma di qualche tipo. Invece i nomi vanno da una parte, le mura scolastiche da un'altra, chi c'è dentro in altre direzioni ancora. Se le architetture sono disumane, deformi, deprimenti, come si possono formare al loro interno persone migliori? Chi entra alla Normale di Pisa, al Trinity College di Dublino e in ogni scuola che abbia una storia alle sue spalle e ne conservi le tracce, è quanto meno stimolato a interrogarsi sul tempo, sullo scopo della vita, sul passato oltre che sul presente e sull'inevitabile futuro. Chi entra nelle aule non insonorizzate, imbiancate e consunte, il gesso sotto le unghie e l'odore di disinfettante, il rumore nei corridoi con i pavimenti di linoleum, le luci tristi e le tapparelle che non si alzano o non esistono, gli infissi di alluminio consumati, in un cubo di cemento circondato da cancelli di ferro dove albergano, se si è fortunati, rari esemplari vegetali in lenta e solitaria consunzione, ha un solo pensiero (e non potrebbe essere altrimenti): il futuro. Uscire al più presto da quell'edificio, ogni giorno. E un pensiero ancor più pressante: uscire da quell'edificio per sempre.

Per quanto esercitati al brutto, all'indifferente, all'abbandono dalla buona volontà di distruzione delle generazioni precedenti, i ragazzi, come tutti i ragazzi del mondo, sanno cos'è la bellezza e d'istinto la cercano. E hanno un bel cercare. Gli abbiamo (ci siamo) organizzato un mondo che nessun pittore fiammingo degli inferni, nessun Bosch, nessun Terbrugghen, nessun Goya avrebbe potuto immaginare così infernale. Le scuole in Italia sembrano lager. Non dico che lo siano al loro interno, ma ne hanno la rigida compostezza formale, se non nascondono spesso pericoli reali dovuti al risparmio sui materiali edili, alle progettazioni in malafede, alla presenza di barriere architettoniche per disabili, ecc, ecc... Quando scriviamo a scuola è difficile dire ai ragazzi: mettetevi a vostro agio, rilassatevi. E non solo perché quello è il luogo della loro tortura quotidiana, dei compiti, delle interrogazioni. È perché io stessa mi guardo intorno pensando: Dio mio quant'è brutto questo posto, speriamo di finire presto. E il brutto, spesso, m'insegue fino a casa, di strada in strada, attraverso gli svincoli autostradali, le stazioni ferroviarie, le fermate dei treni locali e metropolitani, scivola lungo i muri, si affaccia alle finestre dei condomini popolari. I ragazzi che scrivono nelle scuole quasi mai si dilungano in descrizioni. Gli insegnanti mi chiedono, disperati: ma il testo descrittivo... E io a spiegare che le cose in natura non esistono separate, nemmeno nella scrittura. Una storia ha dentro un'ambientazione, i personaggi, le azioni narrate. Può succedere che venga in mente, sia evocata, da un ambiente o da un gesto umano, ma poi include tutte queste cose in maniera utile e l'utilità di una storia è che sia bella. Attenzione: non rassicurante, non confortante, ma bella, che ci lasci dentro un pezzetto di bellezza, fosse anche una bellezza inquieta, una grande paura, un grande smarrimento.

Non si può scrivere il testo descrittivo chiedendo ai ragazzi descrivi e basta, o meglio, lo si può anche fare, ma poi non si può pretendere che la bambola cammini se si è disegnato solo l'abito della bambola.

Tuttavia, il problema è più profondo: i ragazzi, i giovanissimi e i meno giovani, descrivono poco perché intorno a loro non vedono niente. E non è che ci sia il niente: c'è il brutto, lo squallido. E la mente umana rifiuta lo squallore. Meglio rintanarsi nella descrizione di ciò che ci è prossimo, dei nostri abiti, di uno sguardo, di un colore di capelli. Ah, lì posso incidere e cambiare il territorio: mi colorerò, mi farò un tatuaggio o un piercing per sentirmi esotico o appartenente a un gruppo, mi metterò un vestito, ascolterò una musica. Se intorno a me non vedo bellezza, non vedo armonia, non vedo più neanche natura perché tutto è stato inglobato nel disegno urbano, ecco che il testo descrittivo non potrà concentrarsi sui dettagli casalinghi, sugli ambienti. Perché anche il brutto e lo squallido si descrivono per differenza: differenza dal bello. Cosa abbiamo lasciato attorno a noi di bello che i ragazzi possano vedere, prendere coraggio e usarlo come ancora per immergersi nella descrizione del brutto e dello squallido? Quasi più niente. Vago per scuole napoletane o prossime a Napoli, a Caserta, ad

Avellino, a Salerno, abitate da ragazzi che non sanno che ci sono cose belle da vedere in questi luoghi. Di più: cose bellissime, di una bellezza accecante. Una maestra elementare di Giugliano, brava a raccontare, spiritosa, ironica, insisteva con me a dire che Napoli è brutta. Certo, ci sono aree immense di degrado ma, insistevo, guarda che tutta brutta non è. Dove è bella, è bellissima come pochi posti al mondo. Ma niente da fare: per lei era brutta e probabilmente i bambini nella sua classe erano convinti della stessa idea.

Chiedo spesso in aula ai ragazzi di descrivere il tragitto da casa a scuola seguendo l'esercizio che William Burroughs descrive nel suo *Scrittura creativa*: uscite, decidete un colore da osservare prima di uscire e fate un percorso abituale, uno di quei percorsi che ormai fate a occhi chiusi, ogni giorno, dove non osservate mai niente perché siete talmente presi dalla meta che la strada non conta più. E cercate solo le cose del colore che avete scelto. E ora fate un elenco.

Di solito in questi elenchi la natura è composta al massimo di vasi da fiore, di indefiniti alberi da marciapiede che non hanno nome né specie, il resto riguarda oggetti inerti che hanno, però, un grandissimo valore evocativo. In un laboratorio non scolastico, non lo dimenticherò mai, un anziano signore che aveva svolto il lavoro d'idraulico scelse il blu e mi fece un meraviglioso elenco di attrezzi del mestiere, nomi su nomi, tutti incomprensibili per noi che ascoltavamo ma di straordinaria suggestione a causa della loro specificità narrativa. Un mondo, sconosciuto, si squadernava di fronte agli occhi della nostra immaginazione.

Nelle scuole i ragazzi hanno difficoltà: vengo a scuola in auto, abito su una circonvallazione, vengo a scuola in moto stretta a mio fratello (sì, non è il momento per prendere appunti, quello), arrivo in treno e dal treno non si vede niente.

Prufissuré, e che ce stà 'a veré? Stanno i cartelloni della pubblicità.

Sta 'a munnezza.

Sta quella con le zizze di fuori.

A una compagnia marittima che collega Napoli a Catania qualcuno, per fortuna, ha fatto causa perché per rappresentare Vesuvio ed Etna aveva usato due gigantesche mammelle.

Di poco più bucolica, ma davvero di poco, la descrizione in luoghi dove la natura è invece ancora pressoché intatta: anche a Bolzano o a Spoleto la descrizione è fatta di ciò che è prossimo. Anche nella scuola media del centro di Bolzano, che non è contenuta nel cubo di cemento per esperimenti sui criceti che di solito visito, ma in un palazzo primi del Novecento con curiose rotondità di liberty alpino, belle aule e grandi corridoi piastrellati all'antica maniera, con il fiume che scorre alle spalle; anche nella scuola media di Spoleto ricavata in un prato, fra i fondali che incantarono il Perugino e il Pinturicchio. Stiamo diventando tutti miopi. E non solo io che lo sono da quando avevo quattro anni e senza occhiali non vedo un tubo, ma tutti, anche chi è ipermetrope, i ragazzi con la vista d'aquila, perché guardarsi intorno, guardare lontano, guardare le distanze significa immaginare con cuore più aperto, allargare la prospettiva. L'Italia, che è il paese dei paesaggi, sta implodendo. Per forza, appena possono, i ragazzi prendono un aereo e fuggono a Londra, a New York, a Parigi o Berlino. Scriviamo a occhi aperti, respiriamo a occhi aperti, siamo presenti e il mondo, il nostro tempo, smetterà di essere così orribilmente inenarrabile.

Nella scuola media di corso Vittorio Emanuele, intestata a un patriota ed eroe del Risorgimento, i ragazzini sono tutti figli di papà. Qualcuno è già esercitato a fare il simpatico a ogni costo, il piacione, qualcuno ha grandi sogni e fantasie da cartone animato, qualcuno semplicemente è stato messo in questo corso di scrittura ma pensa alle vacanze, alla macchina nuova, al computer con i giochi.

Qualcuno, credendo di scandalizzarci, se ne viene fuori con siti di pornostar ch'erano giovani quando io ero bambina. Ci pensi che quella signora che tanto ti eccita ora avrà sessant'anni, l'età di tua nonna? Un po' sbianca, ma non recede, la fantasia erotica permane.

La scrittura stentucchia in genere, anche se buone storie vengono fuori, mondi sconosciuti che in classe non si notavano. La scuola è molto bella, ha persino una grande piscina che quando non c'è lezione è aperta al quartiere. Ha grandi scale, terrazze mastodontiche e inutilizzabili pensate da architetti d'ispirazione egizia che si affacciano sul panorama del golfo. D'inverno il vento le spazza, d'estate il sole a picco le rende inabitabili. Un grande spazio che non serve a niente e a nessuno, energia immobilizzata. E un po' questa è anche la sensazione che si prova nelle classi: ragazzi intelligenti, ragazzine piene di curiosità ma con la testa già altrove. Un altrove senza sbocco su altro che grandi terrazze inutilizzabili: quando se ne accorgono o sfiorano l'idea incerta del futuro eccole richiudersi, rintanarsi in cerchietti, pennarelli fluorescenti, specchietti e MP3. Il fidanzato, l'amore, l'attesa della felicità. Anche quando chiedi ai più grandi:

cos'è che fanno di strano i tuoi genitori e loro ti elencano difetti, o quelli che loro vivono come insensate manie, e gli dici: vedrai fra qualche anno, quando farai le stesse cose; esplodono in un: noooo!, convinto, ma spaventato. E quando gli dici: anche noi rispondevamo: noooo, alla vostra età, pure i cicli si ripetono, si chiudono. Bisogna riportarli nel mondo della fantasia, fornire accessi privilegiati ed ecco allora le ragazzine del corso Vittorio Emanuele scrivere di antri coperti di specchi, di corridoi verso porte girevoli che sfociano su misteriosi giardini dove le fontane sono in eterno gorgoglio. Per paradosso, il mondo dei simboli è molto più consono ai ragazzi, l'importante è non svelar loro mai che si tratta di simboli. Il corso termina che è quasi estate: fra le pareti di cemento si raggiungono i trenta gradi, trentacinque nel primo pomeriggio, è impossibile continuare. Usciamo di scuola salutandoci, mentre loro corrono a consumare l'ennesimo panino al bar della scuola, il pasto manageriale previsto per far seguire loro i PON pomeridiani. Niente pranzo a casa, niente sceneggiati o telenovelas o cartoni animati, niente compiti in solitudine sulla scrivania, niente concentrazione. Armati verso il futuro corrono fra le grandi terrazze vuote progettate dagli adulti cui giurano che mai somiglieranno.

23

Lettura, oh, lettura!

Camminare per strada durante gli acquisti prenatalizi sulle tracce di Salvatore Di Giacomo, poeta della Napoli dialettale innamorato della città immersa nel sole e nel mare, ovvero di Chiaia, Mergellina e Posillipo, restituisce un clima d'indifferenza spaventoso: chi spinge, chi urla, chi pesta e urta senza voltarsi a chiedere scusa. A Chiaia il torpedone dei dannati in cappotto sfoderato, foularino e dolcevita, intimo Dolce&Gabbana o La Perla, intasa ogni centimetro calpestabile. Gli automobilisti nervosi scavalcano i dissuasori di gomma delle corsie preferenziali (che, di preferenza, non si rispettano), gli autobus barriscono a ogni frenata, moltitudini si parcheggiano in seconda, terza o quarta fila. Dietro di me una voce.

La mia prof non riesce ancora a capire come faccio a scrivere e parlare così bene senza leggere mai. È un'idiota, ci ho litigato di nuovo.

Voce sprezzante, presuntuosa di adolescente.

E continua: quello stupido di mio padre si ostina a regalarmi un libro ogni Natale. Gli dico tutte le volte: perché sprechi i soldi così? Tanto lo sai che non li leggo.

Mi volto e sbircio: maschio, stretto in cappottino trendy, epa tondeggiante, capello wertheriano, brufoloso ma esfoliato, continua su questo tono per impressionare la ragazza (magrissima, pallida, occhio di triglia) che gli cammina accanto. Dev'essere figlio di uno di questi signori di Posillipo, di certo frequenta il vicino Liceo Classico.

Poco dopo, davanti a Bulgari (che, se si entra a curiosare, è presidiato da una schiera di men in black e da una commessa-rottweiler bionda, che sorride amara a ogni richiesta), il ragazzetto che non legge ma sa parlare si incoda alla megafila per entrare da Fendi: un'ottantina di ragazzi sotto i vent'anni con troppi soldi nel portafogli.

Nei laboratori di scrittura extrascolastici, i corsi che raccolgono persone che pagano e che scelgono il percorso d'apprendimento, che vengono con varie attese (professionalizzazione della scrittura, ricerca di sé, incremento della lettura, condivisione di un mondo interiore, orientamento al post laurea ecc...), la richiesta è pressante: che devo leggere? In libreria c'è troppa roba, dimmi, dimmi, che devo leggere? E più passano gli anni, più nominare classici, anche recenti, non solleva più alcun volto annoiato che dice: sì, l'ho letto, uff, dimmi una cosa nuova. Anche se nomino semplicemente il più che antologizzato Primo Levi. Anche se chiedo se hanno mai sentito parlare di Goffredo Parise o se hanno in casa, come fino a qualche anno fa era pressoché scontato, Cesare Pavese. Ti prego, ci scrivi un elenco di libri da leggere?

E non hanno vent'anni le persone che me lo chiedono.

Questo dato, inquietante, a me verrebbe da dire spaventoso, va preso seriamente in esame in un paese che sta perdendo la memoria, già labile, della propria storia culturale. Chi ha vent'anni (ma anche chi ne ha trenta) legge, quando legge, esclusivamente letteratura angloamericana. La media di lettura è di tre libri l'anno. E per me che devo far lezione riferendomi a una media di lettura alta per poter citare esempi o far riferimento al bagaglio personale di ciascuno non è un dato archiviabile fra le scandalose notizie italiane: non posso affidarmi al sussidiario, al libro di testo, allo schema preformato del Ministero. Prima di impazzire e di sentirmi come uno dei pochi dinosauri rimasti al mondo devo far sì che i miei cinquanta allievi annui diventino i dodici lettori manzoniani, che i miei trecento allievi, fra adulti e ragazzi, annui nelle scuole pubbliche guardino con maggiore interesse agli scaffali, abbiano curiosità, leggano con una diversa attenzione un libro di narrativa rispetto alle istruzioni per installare un pacchetto di Open Office o ai metodi per stare su Twitter e Facebook.

Ed è difficile pensando che fino a qualche decennio fa le case della media e piccola borghesia avevano la loro libreria che annoverava Verne, Salgari, Leon Uris, Enzo Biagi, Ignazio Silone, Paola Masino, Piero Chiara, Comisso e Pavese, magari Bevilacqua, Proust e Topolino, Zagor e Don Chisciotte, un po' di cose alla rinfusa, i saggi di Sylos Labini e *Lessico famigliare* di Natalia Ginzburg e, fra tutti questi libri, si poteva scegliere, in caso di necessità, come zeppa il libro ritenuto di minor valore artistico, magari sotto la poltrona ci finiva il pur ammiratissimo Enzo Biagi, che oggi, pare incredibile, è la frontiera dell'intellettuale di sinistra avversato dal governo.

Sono trascorsi solo venti o trent'anni e gli scaffali delle case sono vuoti: se c'è una libreria contiene le confezioni dei giochi per PlayStation e il fumetto è archeologia per ragazzini invecchiati. Non sono più libri di lettura obbligatori per le scuole medie Silone o Ortese, come capitava a me nel 1980, al massimo resiste – e quasi mai in lettura integrale – *Il diario* di Anna Frank. Per il resto è tutto un proliferare di libri per l'infanzia e di collanine di genere, non disprezzabili, ma che rimandano all'infinito l'ingresso dei ragazzi nella letteratura «per adulti». Nel rimbambinimento generale i figli vanno protetti a oltranza, sottratti a ogni peso, mentre i pesi ricadono loro addosso senza più gli strumenti d'avviso della favola e del romanzo, senza che la vita possa essere preannunciata in alcun modo dalle esperienze del tempo precedente alla loro esistenza di ragazzi, come se si venisse al mondo nuovi e nulla mai fosse accaduto prima. Chiedo in un liceo classico napoletano se si accorgono che *I Simpson* sono pieni zeppi di citazioni da film e da romanzi, da telefilm e da canzoni. Mi guardano sorpresi. Davvero? Lo so che vi divertite lo stesso e capite ugualmente la trama, ma vi siete mai accorti che ci sono più livelli di lettura, che si sta alludendo ad altro, che si può ridere o pensare guardando quel cartone animato perché c'è dentro tutta la cultura americana? La classe mi guarda e attende informazioni.

Salgo e scendo dal treno, entro ed esco dalle aule, prendo fiato e inizio la mia lezione, apro e chiudo libri, do il tempo della scrittura e poi mi metto in ascolto fino a che tutti, ma proprio tutti, se possibile, non abbiano letto: questa è una disciplina. Anche a casa, ogni mattina, accendo il pc e scrivo per un paio d'ore. Se non posso al pc scrivo sul quaderno e poi durante il giorno, sui treni, sugli autobus, a scuola mentre i ragazzi scrivono, scrivo anch'io. Scrivere è una disciplina. È accorgersi del tempo, lasciarlo andare, ritmare il lavoro. Ecco, è difficile di questi tempi far capire l'importanza di una disciplina. La si confonde con l'ordine, con la precisione, con la perfettinità (che parola, da dove è uscita?). Con il fare i compiti. Scrivere non è fare i compiti. Non è fare il tema. È uno strumento che si impara a suonare e che più si suona, più si impara.

Così se in un'aula apro un volume di Bernard Malamud e leggo uno dei suoi più bei racconti, *La corona d'argento*, mi aspetto che sia il mistero della verità, l'ambiguità della verità a essere colta. Anche se devo lottare con i concorsini letterari dove ai ragazzi è chiesta una storia di una pagina sull'emergenza rifiuti.

Leggo Malamud: un professore, Albert Gans, ha il padre in ospedale, moribondo. Non ha mai fatto niente per lui in vita sua e ora il padre sta morendo. Non si trovano cure e così Albert si lascia tentare dalla promessa di un rabbino: costruire una costosa corona d'argento per riavere indietro la salute del padre. Albert è scettico, razionalista: cos'è questa roba di fede e magia? Tuttavia tenta: lo convince la favolosa apparizione della corona in casa del rabbino, che vive con una figlia handicappata in poche e malridotte stanze. Albert paga la corona in dollari d'argento. Ma il dubbio lo tormenta, così, quando vede il rabbino e la figlia tornare con abiti nuovi, capisce dove sono finiti i suoi soldi. Li insulta, li maledice. Nella furia, al rabbino che lo implora di smetterla o farà del male a suo padre e che gli continua a chiedere: ma gli vuoi bene?, Albert urla tutta la sua verità: io odio mio padre, lo detesto, voglio che muoia! E il padre muore.

Il racconto di Malamud è straordinario perché ogni sintesi l'impoverisce: e così deve essere di ogni grande racconto. Non possiamo render conto in un riassunto dei dettagli terribili, dello squallore della casa del rabbino, dell'impressione atroce che ci fa la figlia ritardata, dell'odiosa ostinazione del protagonista. Ci resta alla fine il dubbio se a uccidere il padre sia stata la malattia o la completa assenza di fede e amore del figlio. E così deve essere. Perché la verità non è un compito in classe, è l'assoluta ambiguità di ciò che sentiamo o vediamo, il dubbio, la domanda senza risposta.

Così mostro ai ragazzi una pagina di Cortázar, famosa, in cui il grande scrittore argentino, usando la boxe come metafora della scrittura, dice che il romanzo vince ai punti ma il racconto deve vincere per knockout, che nel racconto non c'è tanto tempo per accumulare i dettagli, per questo sono così importanti, che il lavoro è verticalità. Quando si scrive nelle scuole, e non solo lì, le pagine si allargano in orizzontalità. Non c'è niente di più difficile del far capire ai ragazzi (per non parlare degli adulti) che scrivere una storia significa entrarci dentro e sprofondare nella visione, non restare in superficie, resistere alla tentazione di allargarsi all'infinito e scendere nel senso della cosa, dell'oggetto, dell'obiettivo da raggiungere, finché le cose che raccontiamo non saranno più un semplice segno ma, come scrive Flannery 'O Connor, un simbolo.

Qualcuno ci prova, anche se a scuola la tentazione di fuga è terribile, oltraggiosa, sembra connaturata alla scuola l'esigenza di lasciare in sospeso e passare oltre. Così gli insegnanti, quando vedono che l'ora scade o che la comprensione tarda: passiamo oltre, andiamo avanti, dicono. Si va avanti con il programma.

In realtà non c'è nessun avanti verso cui andare, bisognerebbe restare e assaporare e capire e smettere di capire, perdersi e ritrovarsi.

Ma mentre facciamo l'appello dei presenti al PON ecco che ricominciano a fuggire: posso andare in bagno? Posso andare a bere? Posso uscire che mi cercano? È mia madre, posso rispondere al cellulare?

La scuola è l'arte della fuga.

Un taxista che m'accompagna al treno che mi porterà a un corso scolastico a Benevento scopre casualmente che scrivo mentre parliamo dei giornali locali.

E che storie scrive?, mi chiede, seriamente interessato. Glisso sul genere perché so già cosa gli piace e infatti subito dopo mi sciorina i nomi degli autori preferiti: Wilbur Smith, Ken Follett, i noiristi americani. Invece detesta *Il Codice da Vinci*. È scritto male, mi dice, e la categoria dei taxisti, che ho adottato come seconda famiglia a causa del mio lavoro, sale un gradino nella mia personale scala d'apprezzamento.

Signora, mi dice, i libri costano troppo.

Sono d'accordo con lei, andrebbero detassati quanto meno: e come ha risolto il problema?, chiedo.

Li compro a tre, quattro euro da un libraio di Fuorigrotta cui ne riporto due letti e me ne regala uno. A lungo andare c'è risparmio, però ho un campo di scelta limitato, dopo un po' mi tocca leggere sempre le stesse cose.

La tangenziale è sgombra, sono le tre del pomeriggio e minaccia di nevicare. Il Vesuvio ha il cono candido, sulla collina dei Camaldoli sospetto stia fioccando perché una grossa nuvola da giudizio divino avvolge il convento e il belvedere sulla cima.

Quando scendo all'angolo di corso Meridionale, accanto all'ingresso secondario della stazione, il taxista si volta e soggiunge: signora, ma quanti di noi leggono giornali o libri?

Pochi, rispondo, un'élite se si pensa alla totalità del Paese.

E come si fa a dargli torto alla gente, mi dice: in una giornata lei se lo prende un caffè? Un euro. E poi si compra le sigarette? Cinque euro. E se vuole comprare anche il giornale minimo un euro. Chi se lo compra poi un libro a venti euro? Alla fine, restano le sigarette e il caffè.

Pago, scendo, mi addentro nella stazione passando davanti all'infermeria e all'ambulanza che la sera assistono l'enorme comunità di barboni che dormono nell'edificio. Dunque, io compro libri perché non fumo e non prendo il caffè. Sei euro al giorno per trenta giorni fanno centottanta euro. È lecito ipotizzare che al mese io spenda centottanta euro fra giornali, riviste, fumetti e libri? No, spendo di più senz'altro... E poi non compro scarpe da mesi e così anche abiti. Insomma, penso con un brivido, dovrei convincere ragazzi che vivono di abiti firmati o di finte griffe, di accessori – un'intera vita accessoriata –, di tecnologie lampeggianti e interattive e senz'altro di caffè, sigarette e coca light a rinunziare alla quota giornaliera dovuta a tutto questo per acquistare giornali, riviste, libri? O dovrei riuscirci con gli insegnanti che hanno il mutuo, l'assicurazione dell'auto, le spese per i figli e i nipoti (che vogliono una vita accessoriata) e che spesso fanno le fotocopie a spese loro perché la scuola non paga i materiali da usare in classe?

Davvero, davvero sono matta.

24

Cadono pietre

In una mattina di primavera vado al Liceo Scientifico Mercalli. Ciro, il prof che mi aspetta, è pieno di entusiasmo. In realtà mi racconta, come se non ne sapessi niente, cosa sono i PON. Lo lascio fare. La biblioteca dove sediamo è abitata da insegnanti e studenti. Una coppia di ragazze gioca al solitario su un pc. Ciro si avvicina e ironizza: bello non avere niente da fare, eh? Professò, quando si deve aspettare... Chissà cosa aspetta la coppia di fanciulle. Intanto arriva un'altra prof che mi si rivolge tutta sorridente, mi conosce di fama, è molto gentile. Ciro mi racconta di una volta che ha fatto due PON con insegnanti del Nord Italia. Si sono stupiti, mi dice, che qui le cose non fossero come si aspettavano. Sì, le cose qui non sono mai come ci si aspetta. Ciro apre la piattaforma, questa spiaggia piena di semafori e buche in cui cadere, fossi da saltare, ostacoli da superare. Sulla piattaforma PON tutti siamo come criceti nel percorso obbligato e quando arriva la ruota giriamo, giriamo. Non ci ferma più nessuno. Sono abilitata come esperta sulla piattaforma, il semaforo da rosso è diventato verde.

Esco inquieta: un altro corso? Ce la faremo?

Qualche settimana dopo in aula i ragazzi si segnalano subito: intelligenti, sensibili, pieni di paure e di saggezza. Qui si scriveranno belle cose, si sente nell'aria. La prof che mi fa da tutor è un'amica: segue i corsi del laboratorio a pagamento da due anni, ha scritto un bel libro su Petra Krause, coltiva a mani nude un pezzo di terra sul Vesuvio, sa scrivere, legge, è stata una danzatrice e un'attrice, è una donna impegnata. Tutti i prof dovrebbero essere come Mara.

Durante questo primo incontro, in un'aula in penombra, faccio i conti con l'unico vero problema: il liceo è intestato a un grande sismologo, l'inventore della scala per i terremoti che si è usata fino all'invenzione della scala Richter. Sarà per questo che dal tetto della scuola piovono pietre nel cortile, ininterrottamente, per tre ore. Ma fate lezione così anche al mattino?, chiedo. Le teste si muovono dall'alto verso il basso: sì, e non c'è niente da fare. Fino a quando durerà questa storia? Dicono fino al 2011, ma forse accadrà nel 2013 e a quel punto non ci saremo più, tanto nel 2012 il mondo finisce, scrive ironica una delle fanciulle. Si sono abituati. Io faccio fatica. Lavorare con un rumore di fondo (e mica un rumorino) è faticoso, anche se a Napoli ci si deve fare spesso l'abitudine. Dopo un po', però, la facile metafora affiora: hai voglia a parlare di Edgar Allan Poe, hai voglia a dire di Natalie Goldberg e della paura del foglio bianco, la verità è che la scuola sta crollando a colpi di piccone e noi facciamo lezione sotto le macerie. L'ironia è che la scuola s'intitola a uno studioso di terremoti, per di più morto in casa a causa di un incendio, nel 1914.

Alla fine dell'incontro, tutti contenti, tutti stanchi: hanno divorato un indigesto panino e ora gli tocca andare a studiare chimica – una delle ragazze ha scritto: ma che vita è, sempre uguale, a fare sempre le stesse cose, senza il tempo per pensare? Effettivamente, non è vita, sono già frustrati, alcuni di questi ragazzi, come adulti dall'infelice impiego mal retribuito. E mentre usciamo nel cortile le pietre continuano a cadere, inesorabili.

Aiuto, scrive uno dei ragazzi del Mercalli, come faccio a «dover pensare di non dover pensare sapendo che il pensiero è il mio più grande nemico?» Sorridiamo.

È convinto di scrivere stronzate, che le sue cose non valgano nulla. Guarda il cartoccio di dolci che ho portato oggi per lavorare sul gusto e legge Carraturo: pensa al Carraturo vicino casa sua, a piazza Garibaldi, e di colpo si ricorda che in quel liceo nel centro «buono» della città lui è un po' fuori posto. Chi abita a Chiaia scrive che «la domenica mattina ha il sapore di un sogno infranto»: ragazzi che aspettano l'autobus così a lungo da mettersi a giocare a scopa alle fermate prima di andare in sala prove a suonare il basso. La domenica i vecchi – che saremmo noi, ma anche i parenti in genere – fumano e ballano. E davanti al Bar Franco c'è una scritta meravigliosa: chiedo di ripetermela, mi dicono che l'hanno fotografata, ne fanno collezione, come quelle in cui c'è scritto che la rivendita offre «uischi». Al Bar Franco invece colazioni a domicilio per «dichiarazioni, appuntamenti, approcci e amanti». Ridiamo a lungo. Chissà com'è la colazione per gli «approcci e amanti». Il più filosofico del gruppo scrive che senza picchi di tristezza «la felicità sarebbe solo una costante». Un altro, meno schopenaueriano e più epicureo, che «mangiare èbbbbello!»

A volte mi convinco che non accadrà: e poi il miracolo succede, causato da altri eventi, dal battere di un martello, dalle mattonelle dalmata della classe, dalle sedie, dai raffreddori dei ragazzi (avevamo anche noi sempre il raffreddore a sedici anni? Sì, ora che ci penso, sì), dalle nuvole e dal caldo, dal vento che quieto si alza.

Eccoli i pensieri, come zoccoli sull'impiantito, azioni che tornano come boomerang, ali. Tutti in jeans, anch'io: corso pomeridiano d'anime.

Con un po' di pazienza i miracoli del pensiero attecchiscono, come certe piante senza nome che diventano rampicanti sui muri di città.

E allora Kevin, nel bel mezzo di un geniale cazzeggio con cui evita ogni esposizione personale, scrive a un tratto che «le note alte sono sopraelevate per il cuore», o che «la fluorescenza coleottera danza», o che «non sono mai stato un abbraccialberi».

E Stefania che per sbocciare «è bastato patire un po' di buio» e Carolina che «la musica è come un coltello: preso dal manico taglia, preso dalla lama ferisce» e che «per te ancora scapperei».

Ce ne restiamo un po', in quest'aula, a guardarci, a pensare. Non si andrebbe più via. Ci siamo dimenticati dei compiti e io anche del laboratorio con gli adulti che devo fare dopo. Altre due ore. Il laboratorio è riuscito. Corriamo, corriamo: verso dove?

25

Emozioni

Dov'è finita l'emozione a scuola? Archiviata fra pratiche e schede, fra moduli in cui si chiede ai liceali «il più elevato titolo di formazione in loro possesso»: e che devono avere? La scuola media, no? Fra le carte in cui devono già conoscere come me che ho quarant'anni il codice fiscale a memoria (ma perché?). Seppellita nei magazzini con il timbro sovrimpresso: INGESTIBILE. Ragazzi, siete INGESTIBILI: perché fate cose strane, giocate con la PlayStation, vi piace il Grande Fratello, sognate di fare soldi e non lavorare o vi chiedete perché la vita è così triste e sempre uguale, perché nessuno dei vostri insegnanti si interroga su come mai, a parte chi si è perso dietro ai neomelodici, in musica vi piacciono i Clash. Roba vecchia. Roba di altre generazioni. Il tempo s'è fermato? Aiuto, aiuto: c'è bisogno di rimetterlo in movimento. Aiuto, aiuto: agli adulti non importa più un fico secco dei loro ragazzi. Hanno paura *per* loro, ma non gli importa *di* loro. Viva i ragazzi.

Scuola media a Benevento e liceo scientifico a Frattamaggiore. Un'aula oscurata dal pomeriggio, un'aula invasa dal sole. Mimma, tredici anni, Irene, sedici. Da Mimma vado un po' di corsa: è un laboratorio dove ci sono tre insegnanti alla volta, tanti tutor, molta attenzione. Benevento è umida e il pomeriggio volge a una notte anticipata. Fuori, gli alberi disegnano ombre indistinte. Ammucchiate in fondo all'aula, le coetanee di Mimma sono molto timide. Un gruppuscolo che parla molto al proprio interno, ma si esprime a monosillabi se interrogato, si è arroccato a sinistra. Qualche cane sciolto a destra: le più timide, le diverse. La più piccola, bellina assai, non vuole mai leggere. Esco se leggete me, dice. E corre verso la porta. Aspetta, le dico. Fai leggere solo a me. Ma neanche questo è facile, oggi. Al secondo incipit parte e scrive tanto, le dita sottili, il visino di donna enne volte ridotto. Mi è molto simpatica la Piccolina. Ormai la chiamo così. Sfugge, saltella, è come un gattino o un'allegra lucertola. Troppo bambina per le scuole medie, troppo adulta e dubbiosa per essere ancora bambina. Mimma, invece, è in primo piano, al primo banco. Ha una bella faccia tonda da campagnola, capelli fluenti e neri e occhi liquidi, sempre in movimento. Sono gli occhi che la rivelano. Ha il rossetto sulle labbra sottili, unghie laccate, veste alla moda, considerata l'età. È lei che, mentre il resto del gruppo parla di sogni e animali volanti, di amori e di ragazzi, scrive: ho dovuto fare dei cambiamenti per essere come gli altri, però mi pesa. Perché non posso essere solo me stessa? Lo legge e si soffia con una mano, a significare: ora divento rossa. Ma non diventa poi tanto rossa. Invece mi segue con gli occhi mobili. Ci sono tante domande che non facciamo mai, ne abbiamo paura o ci sembrano stupide. L'aula segue con attenzione. Non bisogna cambiare, le dico, si può essere se stessi. Certo, alla tua età – e non solo – vogliamo essere accettati, vogliamo far parte del gruppo, la diversità è un peso. Sara, capelli corti, più alta della media, interviene con piglio polemico: lei è diversa e lo sa e non ne ha paura, probabilmente perché a casa sua sono diversi anche i genitori.

Cosa state leggendo?, chiedo all'inizio. E Sara: Bakunin. Cavoli, a tredici anni Bakunin? Benone. Le altre *Twilight* e Sara Bakunin. Mimma non lo so, però viene fuori dalle sue piccole unghie laccate, unghie che sanno ancora d'infanzia, dai suoi pantaloni alla moda, dai cambiamenti che ha dovuto fare e che non le piacciono e me lo dice. Possiamo sentirci brutte, possiamo essere grasse, possiamo leggere cose strane che gli altri non conoscono ma ce la possiamo fare. Anzi, è possibile che ce la faremo meglio di altri, le dico. Mimma mi guarda tutta occhi.

A Frattamaggiore, pomeriggio quasi estivo, primavera inoltrata, classe sguarnita, corso a rischio cancellazione, preside scarsamente lungimirante, si entra e si esce badgiando, cioè timbriamo il cartellino, come in azienda. Nel bel mezzo dei comuni commissariati per infiltrazioni camorristiche noi passiamo il badge nell'apparecchietto elettronico. Ridicolo.

I ragazzi sono tre, ma molto interessati.

Leggo loro *La corona d'argento* di Bernard Malamud. Dopo un po' riassumo i passaggi e faccio sentire solo qualche pagina perché sta venendo sera. Tre ascoltatori perplessi mi guardano. Bello, dicono. Ma chissà cos'hanno capito, cos'hanno pensato.

Stiamo per andarcene quando la bionda Irene, che si nasconde, a suo dire, nel bere per non dire quel che pensa – così ha scritto – e ogni tanto si assenta dal mondo, mi pone uno dei dubbi che le mulinellano nel cervello: possibile che Albert non ami affatto suo padre? E allora perché ha cercato la corona? A che scopo?

Un padre è un padre, le rispondo. Si suppone che debba essere amato, anche quando lo odiamo.

Allora finge con se stesso?, chiede Irene.

Finge di voler fare qualcosa per lui, la cosa più inutile, la cosa che gli servirà per rivelare a se stesso la verità. A volte fingiamo prima con noi stessi e poi con gli altri.

Allora, insiste Irene, lo fa per rifarsi la faccia con se stesso?

Credo di sì, rispondo.

Irene ci pensa un attimo e poi aggiunge: sì, è vero, capita. Ed è proprio convinta di quel che dice.

Se scrivo, mi dice, soffro. Sì, mi piace, è rilassante, ma se insisto soffro. Perché scavo e scavo.

Lo so, rispondo. È così.

Irene e Mimma, rifletto mentre aspetto il treno, hanno visto il loro teatro interno, le maschere che assumiamo. La più grande si è accorta che la scrittura è un rischio e alza qualche timida difesa. La più piccola non ci pensa ancora: spera che i grandi le diano risposte. Si fida di loro e quindi si fida anche un po' di se stessa. Irene ha molti più dubbi su di chi e quanto fidarsi. Non si può dar torto a nessuna delle due.

Una volta scoperto il teatro interno, i nostri giochi di potere con noi stessi, che stanno dietro al teatro dell'invenzione, il gioco alza la posta. In fondo, a scuola, la scrittura non è solo scalza perché povera e senza mezzi, figlia di madre vedova, ma anche perché non ha ancora indossato le scarpette rosse della fiaba, non è ancora costretta a ballare e ballare, vendersi al diavolo come troppi scribacchini in circolazione fanno, non è ancora ossessione e esibizione senza limiti. Scalza e gratuita, con i meccanismi scoperti. Vado a scuola anche per ricordarmi di non fare troppi cambiamenti per piacere agli altri, come dice Mimma, per ricordarmi che forse Bakunin no, ma a tredici anni Silone, Hoffmann, Pavese e Austen sì, li leggevo e che Silone e Pavese e Ortese erano letture d'obbligo alla scuola media in Italia nel 1980.

Vado a scuola per ricordarmi che non sono in vendita.

26

La periferia dell'anima

Dall'altra parte della cattedra ci sono stata per un anno, ai tempi in cui scrivevo la tesi di laurea e insegnavo già scrittura creativa. Era una scuola elementare privata, in classe avevo solo sei bambini e qualche volta davo una mano nella sezione materna. Mi chiedevo sempre: ma cosa ci faccio qui?

Due bambini biondissimi, fratello e sorella, non avevano nessuna voglia di studiare. Erano i figli di un commerciante della zona che, dopo un paio di rimproveri scritti sul diario, venne a trovarmi per dirmi: signorì, ma che v'applicate affà? V'avisseva credere c' 'a cultura serve a coccosa? La scuola non è importante, passate avanti.

E con questo intendeva dirmi: non vedi che ho i capelli bianchi? Sono più vecchio di te, so già tutto della vita, non perdere tempo e non rimproverarmi questi due gioiellini dei miei figli.

Continuai a rimproverarli. Oggi, quasi vent'anni dopo, i figli del commerciante mi salutano, occhi bassi. Sono ancora biondi e carini, non so cosa stiano combinando, a occhio e croce niente.

Un loro compagno, figlio di un padre sempre elegante, una bella auto blu ministeriale, scappava spesso in corridoio mandando gridolini. L'insegnante che mi affiancava, Anna, lo inseguiva, stancamente.

Era inevitabile, sia pure con tanta pazienza, urlargli

addosso. Non rideva, non sorrideva. Quando piangeva le lacrime gli scivolavano giù senza dolore, senza un lamento. Afferrava il cibo a grandi bocconi e trangugiava litri d'acqua senza espressione o desiderio. Non c'era modo di fargli sentire la nostra voce, di fargli vedere la luce. Certe volte, eravamo molto tentate di dargli uno schiaffo. Rimproverato, gridava rabbioso: Io piange! O arrivava urlando: Io bereee!!! O: Seteee!!! Lo portavamo fuori, pur di farlo smettere di urlare. A volte picchiava i compagni. A volte smontava le cose. E metteva tutto in bocca. Il pesce non gli piaceva ma le linguine con i peperoncini verdi sì, perché pizzicavano.

Nelle scuole di periferia – ma la periferia è ovunque – i ragazzi hanno come modello i padri. Ed è l'unico caso, perché altrove i genitori sono fratelli deficienti, altro che modelli. Bisogna spesso occuparsi di loro, sono emotivi, sempre nervosi, fragili, affondabili. Zero riferimenti. Invece in periferia spesso i genitori sono in prigione. Anzi, in galera, come diceva, citando Totò, nostro padre quando ero bambina: «In galera! In galera ti mando».

I genitori in galera sono affiliati o delinquenti abituali, sono i «bbuoni» – tu sì uno bbuono – sono quelli che hanno fatto esperienza della vita, sanno campare. E così è facile che i ragazzini considerino l'illegalità un'aspirazione, un banco di prova e, infine, una promozione sociale. Così è spesso in certe aree del Sud. Ovviamente, gli assessorati si preoccupano tanto di farci sapere cosa stanno facendo per le «zone a rischio» senza mai considerare che tutto il territorio lo è, che il rischio alberga, per il futuro, negli istituti e nelle scuole a basso tasso di rischio, proprio lì dove gli assessorati, i media e la politica in genere non passano il tempo a fare «i bellilli» o gli eroi. Non si salva il mondo con la raccolta voti, mostrando ai sagliuti come si è bravi a soccorrere gli incurabili, i diseredati, mentre sono i figli dei buoni borghesi a commerciare, acquistare e spacciare con i figli dei diseredati. Non si salva il mondo dimenticandosi dei figli del commerciante che non hanno voglia di studiare solo perché non spacceranno o non ruberanno.

Relegata in quest'eterna periferia dell'anima da cui sono esclusi i libri, la scrittura, il sapere e le emozioni, l'umanità decresce.

Questo libro potrebbe continuare per pagine e pagine, anche se non accadrà. I capitoli seguenti si scriveranno nei corsi che terrò dopo la consegna di questo file, dopo che avremo scelto la copertina e dopo che il libro sarà in libreria. In un Paese che ha deciso di disinvestire sulla cultura, che non considera, a ragion veduta, la cultura come un valore, che preferisce addomesticare le nuove generazioni a un analfabetismo mentale e globalizzato, non so bene a cosa serva ancora essere scrittori senza essere il giallista del mese o il profeta dell'anno. Al momento, in quest'istante, non lo so. So che servirà passata l'onda, come è sempre stato e sempre sarà, finché la nostra specie sarà capace di leggere e di scrivere e dunque di sentire e pensare.

Servirà fra dieci anni o fra venti o fra cento, se, come scrivono i ragazzi in aula, il mondo non finirà.

Servirà come traccia a chi ha ancora bisogno di cercarsi e s'interroga sul perché siamo qui, sul perché siamo fatti in un certo modo, su «come è fatta certa gente», come diceva Flannery 'O Connor.

I libri saranno allora, come è sempre stato, il nostro talismano, la nostra pelle di zigrino, l'arma scalza per ricordarci della profondità, oltre che della vanità.

Una sola pagina in più letta in una scuola, un altro libro, un altro sentimento espresso, un nuovo pensiero: per tutte queste cose, anche le più piccole, vale la pena di continuare a scrivere.

Vale la pena di scrivere anche a scuola.

Ringrazio tutte le scuole, i prof e gli studenti coinvolti, spesso loro malgrado, in questo libro-ritratto.

Grazie ad Agnese Incisa che, in un assai rumoroso corridoio del Lingotto durante la Fiera del Libro, ha trovato il titolo per queste pagine.

Grazie a Laura Bosio che mi dedica sempre tutto il suo amore e la sua cura.

E soprattutto grazie a Paolo e alle amiche, specie quelle che non ci sono più, che hanno condiviso con me i viaggi, la fatica, le alterne vicende delle scuole in questi lunghi ma travolgenti diciassette anni.

Lunga vita alla scuola pubblica italiana.

Indice

Fotocomposizione:
Nuovo Gruppo Grafico s.r.l. - Milano

Finito di stampare
nel mese di settembre 2010
per conto della Ugo Guanda S.p.A.
dalla Mondadori Printing S.p.A.
Stabilimento N.S.M. - Cles (TN)
Printed in Italy